Podrías ser el problema

Darrin Huff
Podrías ser el problema

Publicado por Spines
ISBN: 979-8-89569-872-3

Podrías ser el problema

Citas en tiempos modernos

Darrin Huff

Índice

AGRADECIMIENTOS

Me gustaría expresar mi agradecimiento a mis amigos y compañeros de trabajo por ser una fuente constante de motivación en el proceso de escribir este libro. Su apoyo fue invaluable para ayudarme a mantener el enfoque y gestionar mis emociones. Sé que puedo ser muy apasionado con este tema y, en ocasiones, perder el rumbo. Jajaja.

Quiero también agradecer profundamente a mis hijos, Darrin y Denae, por ser tan extraordinarios y por hacerme el padre más orgulloso. Este libro es mi forma de compartir con ustedes mis reflexiones sobre las citas y cómo evitar los errores más comunes en el camino. Mis queridos hijos, sigan sus propios caminos en la vida, confíen en sus decisiones, y recuerden siempre que su padre los admira profundamente. Estoy inmensamente orgulloso de ustedes y agradecido por el privilegio de ser su padre.

Introducción

En esta época, he notado que hay una gran división entre hombres y mujeres en el mundo de las citas. Ha habido muchas conversaciones en TikTok, Facebook y en todas las demás plataformas de redes sociales sobre cómo han cambiado las citas. Así que solo quería dar mi opinión.

Con el consejo de amigos con quienes he compartido mi experiencia en citas, me instaron a poner mis pensamientos en papel. Por favor, tomen mis opiniones con un grano de sal. No estoy hablando por todos, porque esto no se aplica a todos.

Mi escritura se centra en llegar a las personas que están cansadas de obtener los mismos resultados de siempre y no saben por qué; personas que están hartas de estar hartas.

Ahora, mis pensamientos pueden desencadenar reacciones en muchas personas, y si lo hacen, entonces deberías preguntarte por qué. No te conozco, y no he mencionado ningún nombre en absoluto. ¿Entonces por qué te sientes afectado? ¿Podría ser porque has escuchado, leído, experimentado o incluso hablado de este tema y todavía no puedes obtener los resultados que deseas? Tal vez te encanta ser la víctima y quieres llorar a quien esté dispuesto a escuchar. Bueno, ¿adivina qué? ¡A nadie le importa!

A nadie le importa porque este es un problema TUYO y no un problema nuestro. No eres una víctima. Eres un producto de tus propias inseguridades. Estás viendo los resultados de tus malas decisiones y nunca aprendes de ellas. Lo que eres es una persona incomprendida que solo necesita terapia. Deja de culpar a todos y a todo por tus problemas. Mírate en un espejo; has creado tus propios problemas, no Dios, ni tu mamá, ni tu papá, ni tu tía, ni tu jefe, ni tu compañero de trabajo. Eres tú. Así que, para encontrar algo mejor, debes convertirte en una mejor versión de ti mismo.

Me encantaría escuchar tus pensamientos sobre mi libro. Puedes contactarme en Facebook buscando "Podrías ser el problema". Respondo a todas las preguntas. Espero que mis ideas te ayuden en tu viaje.

Tú puedes hacerlo.

Capítulo 1

A nadie le importa

He hablado con muchas personas sobre las citas. El tema común es que "todos los hombres y mujeres no valen la pena". Cuando escuché esto por primera vez, pensé que nunca había escuchado una mentira. Acababa de reintegrarme al mercado de citas después de estar 15 años casado. Así que, lo primero que hice después de tomarme unos meses para aclarar mi mente fue volver al mercado de citas.

Al principio, pensé que esto debería ser bastante bueno. Hay muchas mujeres que buscan un buen hombre. No debería tomarme tanto tiempo encontrar a alguien. Jajaja, ¡qué iluso fui! Siete años después, me di cuenta de que las aplicaciones de citas son basura. Cuando digo basura, quiero decir que no pude hacer una conexión significativa con nadie. Las aplicaciones de citas pueden y funcionan para mucha gente. Yo simplemente no era uno de ellos. Así que decidí probar algo diferente. Decidí probar con un casamentero profesional. Mi idea era que, para obtener un resultado diferente, tal vez debería intentar un método distinto. Sabía que el tipo de mujer que estaba buscando era especial. Así que, tal vez, ella podría estar intentando lo mismo.

No, no importaba. No era que estuviera usando la aplicación equivocada o buscando en los lugares equivocados. El problema era que la mayoría de las mujeres que estaban en la calle no valían el esfuerzo.

Cuando estaba en la aplicación de citas, encontré a dos personas con las que quería casarme y a las que propuse matrimonio. Más tarde tuve que rechazarlas a ambas. Fue entonces cuando tuve que preguntarme por qué estaba conociendo a la misma persona en un cuerpo diferente. No pude resolverlo por mi cuenta. Así que decidí ir a terapia. Las sesiones me permitieron ver las cosas con más claridad. Con esta claridad, llegué a la conclusión de que esta generación de mujeres no está buscando una relación. Están buscando un estilo de vida con derecho. Lo curioso es que, independientemente de su edad, todas parecían comportarse como niños malcriados, argumentativos y con derecho.

Ahora, al reflexionar sobre todos mis encuentros, me di cuenta de que el problema es el hecho de que la mayoría de las mujeres no asumen responsabilidad por sus acciones pasadas y presentes. Eligen mal y luego culpan a los hombres que han elegido y perseguido por no ser el hombre que realmente quieren. Sí, señoras, esto realmente parece un problema de USTEDES.

El principal problema de los hombres es que se han vuelto tan insensibles al proceso que prefieren dejar de buscar o ir al extranjero para encontrar a alguien. Estos son los tipos de hombres que han trabajado duro y saben lo que buscan. Estos son los chicos buenos (más sobre él más adelante). El problema con esta acción es que una vez que las traes de regreso a los E.E.U.U., se occidentalizarán y toda la virtud que tenían cuando las conociste se perderá.

Los hombres están en la búsqueda de calificar para una mujer de mejor calidad. Necesitamos convertirnos en mejores hombres. Nos convertimos en mejores hombres al:

- Ponernos en forma físicamente.
- Conseguir un trabajo que pueda mantener a una familia.
- Rodearnos de hombres con metas similares.
- Dejar de poner excusas por nuestras deficiencias.

Por lo tanto, no es que ya no haya hombres o mujeres buenos. La realidad es que no has hecho el esfuerzo para estar con el tipo de persona que deseas.

Señoras, para conseguir al hombre que desean, deben poner algo de esfuerzo.

Para ser claros, el mínimo imprescindible:

- Estar en forma: La capacidad de ejecutar actividades diarias con un rendimiento óptimo, resistencia y fuerza, manejar enfermedades, fatiga y estrés, y reducir el comportamiento sedentario.
- Ser amable: Ser bondadoso y agradable.

Capítulo 2

Recuerda los viejos tiempos

¿Recuerdas cuando eras joven y lleno de optimismo? La simple idea de tener una novia era emocionante. La primera vez que le pediste a alguien salir en una cita fue también la primera vez que te sentiste como un hombre. Estabas tomando una decisión que impactaría no solo tu vida, sino también la de otra persona. Qué emocionante fue ver la sonrisa de tu mamá mientras tú sonreías de oreja a oreja al compartirle la noticia. La mirada orgullosa de tu padre brillaba al ver a su hijo dando sus primeros pasos hacia la madurez.

¿Recuerdas la primera vez que tuviste que conocer a los padres de ella? ¡Qué nervios sentías! Ahora, al recordarlo, resulta gracioso. Has convivido con su familia durante años, pero en ese momento, su padre actuaba como si fuera la primera vez que te veía. Y, de alguna manera, lo era. Era la primera vez que te veía no como un niño, sino como un joven adulto que estaba saliendo con su hija.

Luego vino la planificación: calcular cuánto dinero necesitarías, organizar cada detalle de la cita y asumir la responsabilidad de que todo saliera bien. También fue la primera vez que te diste cuenta de la importancia de estar alerta, porque el mundo puede ser impredecible. Este fue tu primer paso hacia aprender a ser protector. Como joven, te esforzabas por causar una buena impresión: abriendo puertas, pagando la comida, evitando discusiones en público. Estabas completamente enfocado en ella, haciéndola sentir que era la única persona en tu vida, porque lo era. Esa experiencia sentó las bases de cómo tratarías a una mujer a medida que crecieras.

Mujeres, recuerden cómo se sintieron en su primera cita. La primera vez que le contaron a su mamá que iban a salir. Esa mirada suya, mezcla de sorpresa y emoción: "¿De verdad? Bueno, espero que te diviertas". Mientras tanto, su padre estaba al borde del colapso: "¿Hacer qué? ¿Ir a dónde? ¿Con quién? ¿Dónde lo conociste? Déjame investigarlo". Tu mamá tenía que intervenir: "Ve, diviértete. Yo me encargo de tu papá".

Estos son los recuerdos de cuando éramos jóvenes e inocentes. Como joven, mirabas a ese chico, alguien que siempre conociste, pero esta vez se sentía diferente. Lo estabas viendo como un posible proveedor y protector por primera vez. Estabas nerviosa, ansiosa, sin saber qué esperar o cómo deberían salir las cosas. De repente, él parecía alguien digno de una película romántica.

Estas son las experiencias que nos marcaron al crecer. Estoy seguro de que todavía sonríes al recordar esos momentos. Eran tiempos inocentes, llenos de emoción y descubrimiento.

Capítulo 3

Bienvenido al reality televisivo de citas

Hay cuatro tipos básicos de programas televisivos: el de citas, el de matrimonio de celebridades, el de juegos y el de fusión cultural.

Los realities de citas se han vuelto muy populares, donde las mujeres esperan todo sin aportar nada. En estas citas, las mujeres promedio con hijos esperan que un hombre que acaban de conocer no solo pague por sus comidas, sino que también compre suficiente para sus hijos. Donde esperan que un hombre pague por citas que cuestan más de doscientos dólares, porque gastaron dinero en su cabello y uñas para la cita, así que no se puede solo pasar el rato; tiene que ser toda una producción. Solo los hombres que ganan más de 100 mil son considerados en una cita porque, en su mente, si no estás ganando esa cantidad, entonces no puedes permitirte salir.

Las mujeres se han vuelto tan ilusas que se creó una aplicación en línea llamada *Calculadora de ilusiones femeninas* (puedes buscarla en Google; es gratis). Esta aplicación está diseñada para mostrarles a las mujeres que está bien tener deseos, pero la realidad de encontrarlo es casi nula. Sí, ha llegado a ese punto.

Mira, todo lo que estoy diciendo aquí es que las mujeres modernas sienten que no hay nada de malo en tener deseos. Ven realities en televisión, películas y redes sociales y piensan que lo que están viendo es real. Ven a mujeres publicando cómo conocieron a un chico que hizo esto y aquello y piensan: *Sí, eso podría ser yo.* ¿Es posible que te encuentres con un chico que haga esto o aquello? Claro, es posible, solo que no es probable. Chicas, las redes sociales no son reales. Están impulsadas por clics y "me gusta". Todo el programa de la mayoría de los podcasters está orientado a provocar una respuesta emocional de ustedes. El podcaster dirá y hará lo que sea necesario para obtener suscriptores y "me gusta".

¿Por qué en el mundo aceptarías consejos de alguien que:

- No conoces.
- Se divorció de su pareja por lo que hicieron y luego lloraron (víctima).
- No puede mantener una relación saludable.
- Tiene múltiples hijos de diferentes hombres o mujeres.
- Es un artista que no tiene un hombre, no puede mantener un hombre o se conforma con un hombre que sabe que no es su primera o segunda opción, pero lo elige porque no quiere estar sola.
- O toma consejos de artistas que cantan que el hombre no vale nada y, sin embargo, están casadas.
- Culpan a los hombres de todas las cosas malas que les han pasado, pero ignoran el hecho de que son ellas quienes los persiguieron.

¿Por qué preferirías recibir consejos de mujeres u

hombres en redes sociales que hicieron la misma mierda que tú hiciste, terminaron donde estás y piensan que tú obtendrás algo mejor que ellos? Por favor, chica, no estás ilusoria. Estás loca. Sabes de primera mano cómo son algunas personas. Pueden ser muy mezquinas y celosas. Hablarán a tus espaldas e intentarán sabotear lo bueno que tienes porque no pueden conseguir lo que tú has encontrado. Se han vuelto tan amargas, enojadas y frustradas, ¿y honestamente crees que desearán lo mejor para ti? Vamos ahora. Esto es de lo que estamos hablando en las redes sociales.

Ahora, tenemos algunos creadores de contenido realmente buenos a los que consideraría que miraras. Estos son hombres y mujeres que están luchando por ti. Hombres y mujeres que están señalando el mal comportamiento. Te están dando un punto de vista que puede ayudarte a cambiar tu vida. Información que podría ayudarte a convertirte en la mejor versión de ti misma. Podrían llevarte a una relación que sería saludable para ti. Puede que no te guste la forma en que entregan el mensaje o el tono, pero necesitas centrarte en el mensaje. Mi lista podría haber sido más grande, pero te dejaré a ti encontrar a quién preferirías seguir.

Mi lista inicial está en YouTube:

- Rivah TV
- Lecciones de Libro Rosa
- Crimson Cure
- DeeDee
- D'Nieka Marie Discussions
- @whatever Podcast
- Tutoriales y Reseñas Mediocres
- Destacados de la Manosfera
- El Crucible

- Moa Podcast

Así que, ahora la pregunta se convierte en: ¿quién estás buscando? ¿Qué tipo de hombre o mujer sería adecuado para ti y qué están buscando ellos?

Capítulo 4

¿Qué tipo de hombre eres?

Hay diferentes tipos de hombres en este mundo. Son:

- El hombre tradicional
- El buen chico
- El pookie
- El Ray-Ray
- El Brad y Chad
- El chico malo
- El simp

El hombre tradicional

- Un líder.
- El principal sustentador.
- El protector.
- Siempre responsable.
- Proporciona apoyo emocional.
- Un buen comunicador mientras muestra respeto y consideración.
- Fiel al compromiso mutuo.
- El solucionador de problemas.

Esto es lo que la mujer moderna fantasea: el estándar de oro al que todos los hombres se supone que deben aspirar. El único problema es que ningún hombre en este planeta ha sido nunca este tipo. Fue creado por Disney, los medios, Hollywood, novelas románticas y anunciantes. A las mujeres les encanta lanzar esta imagen en la cara de los hombres siempre que pueden. Saben que esta persona no existe, e incluso si existiera, no lo querrían; en el momento en que intente decirle algo, se terminó, ella estará de vuelta en las calles. Ningún hombre va a decirle qué hacer.

El buen chico

- **Buen chico:** Normalmente significa que la persona a la que se refiere se considera amable, confiable y generalmente positiva en su comportamiento y carácter.

El buen chico suele ser el chico que está en la *friend zone* de la mayoría de las mujeres. Es el hombre en el que se puede confiar y tiene la mayoría de los rasgos de un hombre tradicional. Es tu trabajador de cuello azul o blanco, quien trabaja de 9 a 5. Solo bebe o fuma socialmente. No suele encontrarse en los clubes. Por lo general, está en la comunidad tratando de marcar la diferencia. Atenderá las necesidades emocionales de una mujer sin esperar apreciación. Estará dispuesto a ser un modelo para sus hijos, que no son los suyos. Se ofrecerá voluntariamente para ser parte de un programa de mentoría. No juzga a nadie necesitado e intenta ayudar en cualquier forma que pueda. Tiene valores tradicionales y cree en los roles tradicionales de un hombre y una mujer.

Lo creas o no, realmente no hay grandes diferencias entre un buen chico y un chico malo. La verdadera diferencia son sus metas a largo plazo y expectativas. El buen chico está buscando construir para el futuro. Está planificando e investigando los mejores trabajos disponibles para lograr su objetivo final. El chico malo, por otro lado, solo está pensando en el presente, ganando dinero de cualquier manera que pueda. Normalmente no trabaja de 9 a 5. Si lo hace, trata el trabajo como un medio tiempo, no como una posición de tiempo completo. Siempre está en la búsqueda del dinero rápido. No tiene expectativas para el mañana. Las mujeres se sienten atraídas por él porque vive su vida con poco cuidado, lo que alimenta la naturaleza caótica que tienen. Cada día es un desafío diferente. Su flujo de efectivo siempre es alto, pero cuando disminuye no muestra preocupación en el mundo porque siente que la vida está destinada a ser vivida al límite. Cuando comparas a los dos, puedes ver fácilmente que son la misma persona, simplemente están trabajando duro por diferentes resultados.

El Pookie y Ray-Ray

- **Pookie y Ray-Ray**: un término generalizado y amplio que describe a los inconformistas de la sociedad, generalmente ex-convictos, desempleados, infieles, los "rastrojos ghetto", incapaces de modales sociales, compromiso o empleo remunerado: el padre ausente "papá bebé" de madres solteras, la población carcelaria, los traficantes de drogas y los estafadores en las calles.

Son los chicos promedio que ves en cualquier vecindario. Son los chicos que solo están relajados y no toman la vida demasiado en serio. Nunca tomaron la escuela demasiado en serio. Por lo general, provienen de todos los ámbitos de la vida. No intentan sobresalir en nada, solo intentan llegar a fin de mes. Pueden ser un buen activo para la comunidad. Realmente son buenas personas;

simplemente no tienen verdadera ambición. Los veo como buenos chicos que solo carecen de ambición.

El chico malo

• **El chico malo**: un hombre que no se conforma a los estándares aprobados de comportamiento, especialmente en una esfera particular de actividad.

Son los más deseados por las mujeres en su adolescencia hasta mediados de los treinta. Son la élite en la hombría para todas las mujeres en las calles. Estos son los hombres con los que su mamá solía salir. Él es el padre de sus hijos. Él es el que llega a casa cuando quiere. Tiene algunas chicas al margen. Tiene la actitud de "no me importa un carajo". Siempre está listo para una pelea. Podría ser un traficante de drogas o un cajero en una tienda de comestibles. Podría trabajar en la oficina de correos o incluso ser un oficial de policía. Es el tipo de hombre que podría sentarse en una sala de juntas o en un bar jugando al billar. Tiene una presencia de autoridad sin reglas.

Brad y Chad

• **Brad y Chad**: varones en edad universitaria que son arrogantes, narcisistas, un hermano de fraternidad. Es la versión más educada del chico malo.

Son el estereotipo de macho alfa que es atractivo, exitoso, musculoso, engreído y muy popular. Estos son los mejores hombres para las mujeres. Estos chicos tienen el potencial de lograr lo que se propongan. Tienen la estructura familiar y el impulso. Las mujeres observan a estos chicos durante toda la universidad para ver si están haciendo los movimientos correctos para convertirse en la mejor versión de ellos mismos. Creen que estos chicos serán los futuros CEO o atletas profesionales.

Así que se aferrarán a ellos lo más rápido posible. No les importa su personalidad o si es infiel. Solo tienen sus ojos en el premio y están consiguiendo su atención.

El Simp

- **El Simp**: un hombre que lanza dinero o atención a una mujer para ganar su afecto, incluso cuando sus tácticas no están funcionando.

Ahora bien, este tipo de hombre nunca podría ser respetado por ninguna mujer de ninguna manera, forma o moda. Estos son los hombres beta, los carroñeros. Culpan al mundo por su falta de atracción de atención favorable de mujeres u hombres. No consiguen una novia porque no tienen habilidades sociales. Se encuentran en todos los ámbitos de la vida. Al tratar de compensar su falta de habilidades sociales, lideran con dinero. Intentan atraerlas, sin darse cuenta de que esto los hace parecer desesperados. Son el tipo de personas que piensan que *OnlyFans* se preocupa por ellos. Van a un club de striptease y piensan que cuando una bailarina les da un poco de atención realmente les gusta. Tienen muy pocos amigos varones porque parecen socialmente incómodos.

Ahora, estoy llamando la atención de estos chicos porque, hermanos, necesitan trabajar en su autoestima.

Entiendan que las mujeres no los toman en serio porque no tienen nada de valor que ofrecerles. Simplemente darles dinero sin condiciones es una locura. Si necesitan desarrollar habilidades sociales, entonces intenten acudir a un casamentero. Ellos pueden ofrecerles consejos constructivos sobre cómo mejorar. Tienen talleres y seminarios que pueden enseñarles cómo tener mejores habilidades sociales.

Pueden hacerlo mejor. Crean en ustedes mismos. Dejen de gastar dinero en *OnlyFans* y gasten ese dinero en mejorarse a ustedes mismos. Para que puedan conseguir una novia de verdad. **La elección es suya.**

Capítulo 5

¿Qué tipo de mujer eres?

¿Cuáles son los diferentes tipos de mujeres en el mundo? Son:

- **La guardiana / Esposa trofeo.**
- **Alguien para jugar / Novia de citas.**
- **De la calle / No se puede tomar en serio.**

La guardiana / Esposa trofeo

Ella es la más deseable. Es material de esposa.

Viene de un hogar con dos padres. Fue criada en una familia tradicional. No tendrá hijos y tiene muy pocos novios. Tiene muy poca presencia en redes sociales. Está dispuesta a mimar a su hombre con palabras de afirmación, actos de servicio y una naturaleza cariñosa. Ahora bien, de ninguna manera estoy diciendo que esto se aplique a todos los hogares con dos padres. Estoy hablando de un tipo muy específico de hogar. Uno que tiene una figura paterna fuerte con habilidades de liderazgo en la casa. Así, pudo ver cómo un hombre lidera y respeta a su esposa en los buenos y malos tiempos. También pudo ver cómo su madre interactuaba con su autoridad y masculinidad.

Ahora bien, en este hogar, presten atención a cómo actúa la madre. Esto será un indicador fuerte de cómo su hija te tratará. Este tipo de mujer es la más buscada, pero viene con altas expectativas. No aceptará menos que lo mejor de su hombre.

Ella buscará al tipo de hombre que pueda proporcionarle una vida "tranquila". No debería ser responsable de pagar una factura significativa en la casa. No se espera que trabaje. Si lo hace, sería de forma a tiempo parcial. Su única responsabilidad será con los hijos y el hogar. Si no puedes proporcionarle ese estilo de vida, entonces no intentes perseguirla. No la llames cazafortunas. Ella está acostumbrada a este tipo de trato. Este sería tu problema, no su problema. Parecemos olvidar que una mujer tan especial es como el oro, no un diamante. El oro es bueno tal como es, sin refinamiento adicional. Ella es más adecuada para estar con el hombre tradicional porque es una mujer tradicional.

Sus cualidades son:

- **Atractiva** – eres lo suficientemente hermosa como para atraer la atención de los demás.
- **Perspicaz** – ve y entiende clara e inteligentemente.
- **Disciplinada** – capaz de controlar cuidadosamente la forma en que trabajas, vives o te comportas, especialmente para lograr un objetivo.
- **Entusiasta** – muestras interés y disfrute.
- **Solidaria** - para dar ayuda o asistencia o para mantener algo o a alguien en pie.
- **Agradable** - agradable para la mente o los sentidos, especialmente de acuerdo con los gustos o necesidades de uno.

- **Nutritiva** - para cuidar, alimentar y proteger a alguien o algo, especialmente a niños pequeños, y ayudarles a desarrollarse.
- **En forma físicamente** - la capacidad de uno para ejecutar actividades diarias con un desempeño óptimo, resistencia y fuerza con la gestión de enfermedades, fatiga y estrés y reducir el comportamiento sedentario.
- **Sin hijos**
- **Sensible** - ser amable, cariñosa, capaz de captar los sentimientos de los demás, consciente de sus necesidades y comportarse de una manera que los hace sentir bien.
- **Dulzura** - tu calidez, amabilidad, consideración, interés genuino en algo, una demostración de apreciación, o muchas otras cualidades que posees.
- **Suavidad** - empática y enraizada con sus emociones (inteligencia social), ofrece una profunda ternura por los demás (amor), así como un alto grado de apertura/recepción (juicio o curiosidad).
- **Calidez** - alguien que se presenta como amistoso, abierto a los demás, entusiasta y afectuoso.
- **Pasividad** - aceptación de lo que ocurre sin respuesta activa o resistencia.
- **Cooperación** - trabajar o actuar juntos de buena gana por un propósito o beneficio común.
- **Expresividad** - el estado de mostrar lo que alguien piensa o siente.

- **Modestia** - tener o mostrar una estimación moderada o humilde de los méritos, importancia, etc., de uno mismo; libre de vanidad, egotismo, jactancia o grandes pretensiones.
- **Humildad** - mantener nuestro orgullo sobre quiénes somos, acerca de nuestros logros, acerca de nuestro valor, pero sin arrogancia.
- **Empatía** - la acción de comprender, ser consciente, ser sensible y experimentar vicariamente los sentimientos, pensamientos y experiencias de otro del pasado o presente sin que los sentimientos, pensamientos y experiencias sean comunicados de manera objetiva y explícita.
- **Afectuosidad** - ser cálido, tierno y amoroso puede comunicarse mediante miradas, palabras, gestos o toques.
- **Amabilidad** - ser desinteresado, servicial, compasivo e incondicionalmente amable.
- **Servicial -** inclinado a ayudar a los demás en cualquier situación.
- **Devoción -** gran amor, afecto o admiración por alguien.
- **Comprensión -** ser comprensivo con las penas de alguien.

Ella está buscando un hombre que sea:

- **Emocionalmente disponible** – que sea emocionalmente honesto y directo, consciente de sí mismo, alguien que se mantenga enfocado en ella en lugar de un teléfono móvil, con inteligencia e integridad y un sentimiento de ser amado y deseado.

- **Tenga respeto e integridad moral** – ambos socios deben tratarse mutuamente con respeto y respetar las opiniones, carreras, intereses, amigos, cuerpos y mentes del otro a través de sus acciones.
- **Tenga las cualidades de sensibilidad relacional** - Los hombres muestran amabilidad, paciencia, comprensión, empatía y compasión.
- **Un sentido del humor** – Hombres que tienen la capacidad de hacer que la situación se sienta mejor de lo que es.
- **Pueda comunicarse** – Ser capaz de entender la escucha activa y mostrar un signo de vulnerabilidad.
- **Tenga honestidad y transparencia** – Esto es el fundamento para construir una relación sólida.
- **Tenga confianza** – Un hombre que cree en sí mismo y sabe lo que quiere.
- **Sea un buen oyente** – Para poder escuchar para entender.

Alguien con quien jugar/Novia

Ella es la más común con la que la mayoría de los hombres terminan estando.

Ella es el tipo de mujer que tiene muchos rasgos masculinos. A veces tiene un hijo fuera del matrimonio. Este hijo podría haber venido de un divorcio o simplemente de un mal juicio. Normalmente tiene muchos amigos varones y se siente más cómoda con los hombres que con las mujeres. Si tiene amigas, serán masculinas y motivadas como ella. Disfrutará los viajes de chicas y las fiestas al igual que los hombres.

Es más mimada y egoísta, que es donde entra el pulido. Puede convertirse en una guardiana si estás dispuesto a poner el trabajo. En la mayoría de los casos, vino de la calle o de un trabajo bien remunerado. Puede tener algunas de las cualidades del guardián. Ella no te usará, pero estará observando cómo gastas tu dinero. Ella tendrá su propio dinero y es bastante estable. Estará buscando un hombre que gane tanto o más que ella. Puedes ganártela no jugando al juego de mostrar y contar. No le muestres cuánto dinero ganas. Simplemente vive tu vida normalmente. No trates de impresionarla. Esta es la forma más rápida de perder su interés. Ella está buscando a alguien que pueda igualar su energía.

Su papel típico es la gestión, donde ella es la que instruye y hace cumplir la política de la empresa que requiere que tome el mando. Esto también incluye trabajos como enfermería, abogados, asistentes médicos y policías, solo por nombrar algunos. Es como una muy buena amiga. El problema con este tipo de mujer es que no está acostumbrada a no estar en control. Cuando habla, a veces sonará condescendiente o incluso paternalista. A veces puede hacer que te sientas como si estuvieras compitiendo con ella en lugar de ser tu paz y trabajar contigo. No te ofendas rápidamente. Ni siquiera es consciente de sus acciones. Quiere ser un activo para ti, pero no sabe cómo no estar a cargo. Su objetivo no es estresarte. Simplemente nunca ha pensado en su comportamiento como masculino o complicado.

Ella podría haber sido criada en un hogar tradicional. La diferencia es que, en lugar de tener una figura paterna fuerte, la madre era la líder. Así que se siente más cómoda tomando el mando en lugar de ser sumisa y de apoyo. También podría haber sido criada por una madre soltera, quien ha aprendido de sus errores, ama a sus hijos y no quiere que cometan sus errores. Su madre le habría contado lo difícil que es salir adelante en este mundo sin ayuda. Le habría compartido que debe tener cuidado de tener hijos fuera del matrimonio. Ella habría observado y escuchado las experiencias de citas de sus amigos varones. Así que tiene una mejor comprensión de lo que los hombres buscan y lo que esperan de una relación.

Ella está buscando:

- Un hombre que tenga una personalidad fuerte pero con buen sentido del humor.
- Demostrará que puede tomar buenas decisiones y también ser capaz de aceptar consejos.
- Deberá haber demostrado paciencia.
- **Confianza**: un hombre que cree en sí mismo y sabe lo que quiere.
- **Respeto e integridad moral**: ambos socios deben tratarse con respeto por las opiniones, carreras, intereses, amigos, cuerpos y mentes del otro a través de sus acciones.

Aquí hay algunos rasgos suyos que pueden hacerla material para esposa:

- **Apoyo**: brindar ayuda o asistencia o mantener algo o alguien en pie.
- **Cooperatividad**: trabajar o actuar juntos voluntariamente para un propósito o beneficio común.

Para las calles/No se puede tomar en serio

Ella es el tipo más común de mujer que conocerás y la menos recomendada para tomar en serio.

Ella es el producto de un hogar roto. Fue criada solo por una madre amargada, quien mantuvo alejado al padre. Ella es la madre de Pookie, Ray-Ray y Simp. No quiere que sus hijos lo hagan mejor que ella misma. Nunca habló con sus hijos sobre sus errores pasados. Jamás habló acerca de cómo hacerlo mejor. En cambio, redoblará sus esfuerzos y envenenará a su hija contra los hombres. Al mismo tiempo, enseñará a su hijo cómo ser un Simp.

Habrá tenido múltiples hijos de diferentes hombres. Será la más masculina de las tres. Estará más enamorada de ganar dinero porque siempre faltó dinero en su hogar. Será fría para tener una relación porque nunca ha visto ni experimentado un verdadero sentimiento de apoyo o apego. Será muy difícil para ella confiar en alguien porque, por su experiencia, la confianza nunca fue ganada. No es capaz de aceptar consejos porque siempre los tomará como un ataque personal en lugar de crítica constructiva. Es la más rebelde. Siempre actuará en contra de sus mejores intereses porque es un desastre emocional. Es la más dañada porque nadie ha podido alcanzar sobre los muros que ha creado.

Sus rasgos:

- **Discutidora**: tener o mostrar una tendencia a estar en desacuerdo o discutir con otras personas de manera enojada.
- **Necesidad de tener razón**: un mecanismo de defensa para protegerse de que otros se acerquen o de sentirse no lo suficientemente buena.
- **Falta de responsabilidad**: cuando alguien no asume la propiedad de una situación improductiva que resulta de sus propias acciones y decisiones subsecuentes.
- **Egoísta**: falta de consideración por los demás; preocupada principalmente por su propio beneficio o placer personal.
- **Despreciativa**: no entender completamente, reconocer o valorar algo.
- **Avergonzante**: un sentimiento doloroso que es una mezcla de arrepentimiento, odio a uno mismo y deshonra.
- **Combativa**: agresiva y ansiosa por pelear o discutir.
- **Irrespetuosa**: actuar de manera insultante hacia otros.
- **Indiferente**: carecer de la debida simpatía, preocupación o interés.
- **Egocéntrica**: preocupada excesivamente por sí misma.
- **Sin autoestima**: una persona que no tiene autovaloración, permitiéndose ser dominada o manipulada por otros.
- **Vanidosa**: excesivamente orgullosa de su apariencia, cualidades o logros.
- **Sin valores**: vive su vida sin preocuparse por muchas cosas ni tener significado.

- **Baja autoestima**: carece de confianza sobre quién es y lo que puede hacer.
- **Arrogante**: exagera o está dispuesta a exagerar su propio valor o importancia.
- **Falsa**: una persona que no es genuina.
- **Obsesiva**: un sentimiento de intenso enamoramiento, confundido con amor, basado en el control y la vigilancia constante.
- **Feminidad tóxica**: adherencia a estereotipos de género que restringen el valor de la mujer a la belleza física y la complacencia hacia los hombres.

Ella busca:

Pookie, Ray-Ray o chicos malos de por vida. Estos tipos de hombres son los más adecuados para tratar con este tipo de mujer porque ella es, en realidad, un buen reflejo de su vida en el hogar mientras crecía.

Capítulo 6

La era de personas fuertes e independientes

¿Qué significa ser fuerte e independiente?

Para una mujer, significa:

• Que eres capaz de encontrar la felicidad por ti misma. Tienes autoconfianza sin tener que depender de otra persona o de la sociedad para obtener validación. Significa independencia emocional y ser capaz de tener relaciones saludables con los demás sin caer en patrones de codependencia.

Para un hombre, significa:

• No utilizan a otras personas y no se permiten ser utilizados. Son excelentes para establecer y hacer cumplir sus límites. Saben cuándo decir sí y cómo decir no. Convertirse en este tipo de persona lleva toda una vida, y una persona fuerte e independiente siempre está involucrada en actividades de autoayuda y crecimiento personal.

Bien, ahora que tenemos una definición clara de lo que significa, exploremos lo que estos términos realmente significan cuando se aplican en el mundo real. Cuando leí la definición de una mujer fuerte, me hizo reír. ¿Por qué? Porque la definición va en contra de su naturaleza como mujeres. La naturaleza de una mujer es ser emocional.

La primera parte es: "Que seas capaz de encontrar la felicidad por ti misma". Esto es un hecho humano básico. Nadie puede hacerte feliz, excepto tú misma. Entonces, ¿cómo es esto algo presumido? A continuación: "Tienes confianza en ti misma sin tener que depender de otra persona o de la sociedad para obtener validación". Solo está reiterando lo obvio: nadie puede hacerte feliz más que tú misma.

La declaración final, "Significa independencia emocional y ser capaz de tener relaciones saludables con otros sin caer en patrones codependientes". Esto es solo judo verbal. ¿De quién eres emocionalmente independiente? Según esta definición, sería de ti misma, ya que eres la única que puede controlar tus propias emociones. Entonces, ¿cómo puedes tener algún tipo de relación saludable si ni siquiera puedes controlar tus propios sentimientos?

¿Quién se beneficia de esta lógica? Las corporaciones. Si puedes desapegarte de tus emociones, entonces la necesidad de crear una familia no estará ahí. Serás más sumisa al seguir las instrucciones de tu jefe. Si estás en las calles, te permite tener relaciones sexuales con múltiples hombres. Te permite tener hijos con un Pookie y Ray-Ray, sabiendo que a él le importa poco de ti o de su bebé. ¿No es esto tan liberador?

¿No te parece extraño que para sentirte fuerte e independiente en la sociedad, todo lo que tienes que hacer es abaratar tu valor personal? Crees que tener una familia cuando eres joven te impide vivir. Entonces, dime, ¿exactamente qué te estás perdiendo? ¿El trauma emocional de acostarte con muchas personas? ¿Cómo te beneficia esto como mujer? Oh, mi error, porque un hombre lo hace, tú también quieres hacerlo. Quieres actuar tanto como un hombre que copiarías todos los rasgos negativos que dices que no te gustan. ¿Pero no quieres seguir ninguno de sus ejemplos de liderazgo? Haz que tenga sentido.

La sociedad te haría pensar que para sentirte empoderada, deberías tener relaciones sexuales sin compromiso. No necesitas tener la protección de un esposo, el único que tendría tus mejores intereses en mente. La sociedad también te haría creer que no necesitas un esposo. Después de todo, tienes ese cheque del gobierno y la manutención infantil. Tener un esposo nunca podría ser tan satisfactorio como trabajar en un trabajo corporativo.

Preferirías:

- Trabajar una semana laboral de 40 horas más horas extra.
- Tener tantos hijos como quieras con diferentes hombres.
- Recibir manutención infantil porque tener un esposo es demasiado restrictivo.
- Trabajar para mantener a un proveedor de cuidado infantil ya que no tienes tiempo para ser madre.
- Te gusta escuchar y seguir las órdenes de tu jefe porque se preocupa por ti más de lo que un esposo podría hacerlo.
- Hacer ese dinero aunque se quedará vacío porque tienes todos estos gastos y responsabilidades sin ayuda a la vista.
- No necesitas un esposo porque no eres esclava de nadie, a diferencia de tu jefe corporativo.
- No necesitas apoyar a un esposo cuando puedes apoyar a tu jefe en cumplir sus plazos.

- No te importa estar estresada emocional y financieramente porque tu trabajo es más gratificante que tener un esposo que te ayude a aliviar tu carga.
- ¿Por qué tener un esposo que pueda dividir las facturas y las responsabilidades? ¿Quién tiene una inversión personal en ti y en su familia?

Sé por qué te sientes así. Es porque sabes el tipo de hombre que puedes conseguir. No es del tipo que puede proporcionarte seguridad. Esto es lo que tu empoderamiento te ha dado. Buen trabajo. Estás actuando cada vez más como un hombre cada día. Adivina qué, también obtendrás los mismos resultados que un hombre al no poder encontrar a alguien con quien casarte.

Has reducido tu valor como mujer al abandonar tu naturaleza para convertirte en una herramienta corporativa. No es una norma social contra la que estás luchando. Estás luchando contra tu propia naturaleza humana.

Para los hombres, ¿han notado cómo la definición de un hombre fuerte casi coincide con la de un hombre tradicional? No usan a otras personas y no permiten que se les use. Son excelentes en establecer y hacer cumplir sus límites. Saben cuándo decir sí y cómo decir no. Convertirse en este tipo de persona lleva toda una vida, y una persona fuerte e independiente siempre está involucrada en actividades de autoayuda y autodesarrollo.

Noten, en contraste con las mujeres, que los hombres están trabajando dentro de su naturaleza, mientras que a las mujeres se les anima a trabajar en su contra. Los hombres están proporcionando lo que los hombres siempre han proporcionado desde la creación. Nada realmente ha cambiado, excepto que ahora, estos valores son demonizados por los hombres y celebrados por las mujeres.

Capítulo 7

¿Pueden los hombres ser amigos de las mujeres?

Primero, hay una diferencia entre amigos hombres y amigas mujeres.

Un amigo hombre:

- Lo puedes llamar para que te ayude a mudarte porque tiene la fuerza para ayudar a cargar la carga pesada.
- Un amigo hombre al que puedes llamar cuando tienes un problema con tu coche porque puede tener herramientas que podrías pedir prestadas para arreglarlo.
- Un amigo hombre puede darte consejos sobre citas porque quiere que tengas éxito.

Una amiga mujer:

- Una mujer puede ayudarte a marcar a AAA porque no quiere ensuciarse las uñas.
- Una amiga mujer puede simplemente mirar y, cuando el trabajo esté terminado, ayudarte a desempacar.
- Una amiga mujer, dependiendo de su nivel de mezquindad, te dará malos consejos porque no quiere que otra mujer arruine su buena cosa.

Ahora, sé que esto no se aplica a todas las mujeres, solo a algunas. Hay algunas mujeres que realmente no están interesadas en ti, y tú en ellas tampoco, pero aún así, cuando lo piensas, con los años, le has proporcionado más privilegio de esposo del que ella te ha dado como amiga. Piénsalo: ¿de quién has obtenido más beneficios de amistad? Espero.

Capítulo 8

La "Friend Zone"

La temida "Friend Zone"

Esta es la zona donde se colocan todos los buenos hombres. Están en la caja de emergencia "romper en caso de necesidad". Normalmente se rompe cuando ella está en sus treintas y tiene hijos fuera del matrimonio. Ella romperá esta caja después de que el hombre que ella quiere ya no quiera tratar con ella. Entonces, está buscando esa validación de que ella no fue el problema.

Entra el simplón, que estará ahí para consolarla. Le dirá todas las cosas que ella quiere escuchar mientras trata de ganar su favor. Alimentará su ego. Le dirá que ella no hizo nada mal y que su ex era el que tenía el problema. Le dirá que ella es tan especial y que no merece ser tratada así. La llevará a cenar y pagará para que le hagan las uñas y los pies. Intervendrá para ayudar con sus hijos, tratando de mostrar cuán servicial puede ser, esperando que ella lo elija como su próxima opción.

Si estás en esta caja, entonces es tu responsabilidad. Si no tienes la confianza en ti mismo para aceptar que ella no está interesada en ti y que, en la mayoría de los casos, solo te verá como un plan de respaldo, bueno, entonces sigue haciendo lo que haces. Mi consejo para todos los demás es dejar ir la fantasía. Sí, puedes seguir teniendo su número, pero a menos que sean amigos con beneficios (lo que no eres porque estás en la friend zone), ¿por qué sentirías la necesidad de llamarla? Ella no es tu amiga. Ella es una aprovechada. Sé que dirás: "No, amigo, estás equivocado, hemos sido amigos durante años". Sí, puedo estar de acuerdo en que hay algunos que realmente podrían ser amigos, pero no es la mayoría. No, amigo mío, tú has sido su amigo. Ella nunca ha sido la tuya.

Ahora, también dentro de esta zona están los buenos chicos. No son tan malos como los simplones. Saben su propio valor. Simplemente no pueden evitar tratar de rescatar a la damisela en apuros. Serán el apoyo emocional para ellas. Nunca cuestionarían cómo o por qué las dejaron. Su única preocupación es animarlas. A diferencia del simplón, no brindarán ningún tipo de apoyo financiero ni entretendrán la idea de ayudarlas con sus hijos. Entienden que tienen límites que no cruzarán.

En la mayoría de los casos, tanto el simplón como el buen chico esperan que ella los elija como su próxima opción, pero ella nunca los tomará en serio. Ahora, algunos buenos chicos podrían obtener el beneficio de ser su "hombre de mantenimiento".

Hombre de mantenimiento: alguien que no tiene ningún apego emocional pero puede tener una relación íntima.

Esta es realmente la mejor posición para estar porque, al menos, tienes una relación más fuerte que la mayoría. Así que realmente eres un buen amigo con la capacidad de conocer gente nueva, sin juzgar. Ella no espera nada de ti más que una relación íntima de vez en cuando hasta que pueda encontrar a su amigo constante.

Capítulo 9

El síndrome de las citas

Solía haber un tiempo cuando no existía eso de las citas. Cuando los niños llegaban a la edad adecuada, sus padres hacían los arreglos para que se casaran, y eso era todo. Los niños eran notificados del arreglo matrimonial, y luego con los padres cerca, veían cómo los niños se conocían. No había sexo antes del matrimonio. Apenas se podía besar antes del matrimonio. Esta fue la tradición durante la mayor parte de la historia. No fue hasta el siglo XX que las cosas empezaron a cambiar.

Ahora, cuando digo cambio, me refiero al mundo occidental. En otros países fuera de Europa y América, las mujeres todavía desempeñan su papel tradicional como la persona principal que se ocupa de la casa y los niños. Tienen muy pocas relaciones antes del matrimonio. Se les enseña el valor del matrimonio tradicional y ser esposa. Entienden el rol de un hombre como el principal sostén de la familia. El principal rol de su esposa es criar a los hijos y mantener la casa. No fueron adoctrinadas por las ideas occidentales.

Muchos hombres y mujeres en el mundo

occidental no se crían en un hogar tradicional. No tuvieron una familia nuclear.

Familia Nuclear: una pareja y sus hijos dependientes, considerados como una unidad social básica.

Se les negó ese ejemplo de un hogar saludable debido al feminismo. Ahora, permítanme ser claro: hay niveles para tener un hogar saludable. Podrías tener al padre líder, o podrías tener al esposo sumiso.

El padre líder es un hombre que encaja en el modelo tradicional de hombre. El hombre tradicional habría estado casado solo con una esposa y criando solo a sus propios hijos. Al mismo tiempo, el hombre sumiso encaja en el modelo de la esposa tradicional. No estoy lanzando indirectas a nadie. Solo estoy señalando lo obvio: no todos los hombres son creados iguales.

Capítulo 10

La familia rota

Entonces, cuando no hay un modelo masculino fuerte en el hogar, ¿de quién crees que están aprendiendo los hijos e hijas? Sí, de la mamá. Ella es la primera maestra en su vida. La primera mujer en su vida. Ella es el modelo que su hijo comparará a todas las mujeres. Ella es el modelo que su hija tratará de imitar. Ella es el ejemplo que inculcará los conceptos de las relaciones. Ella será quien inculcará los beneficios de ser una pareja casada o una madre soltera.

Así que, damas, ustedes son la principal razón por la que los hombres son como son. Ustedes los criaron para que sean así. No saben cómo ser el hombre que quieren porque fue criado por una mujer. Aprendió acerca de la hombría de los chicos que trajeron a casa. Entonces, ¿de dónde aprende la hija a elegir un buen hombre? Ella observa a su madre, sus tías, su abuela, Hollywood y las redes sociales. Ahora, si ella está en las calles, entonces los hombres que presenta a su hijo e hija probablemente sean un Pookie y Ray-Ray o Simp.

Estamos viviendo en una época en la que se culpa a los hombres de todo, desde ser un padre inepto hasta ser flojo y no tener ambición. La triste verdad es que, para algunos de nosotros, hemos ganado este título. Ahora, no olvidemos quiénes son los que eligen con quién tienen relaciones sexuales. No olvidemos quiénes nos criaron para pensar de esta manera.

¿Quiénes son los guardianes del sexo? ¿Quién es el que tiene múltiples tipos de anticonceptivos que pueden usarse antes y después de tener relaciones sexuales? ¿Quién grita "mi cuerpo, mi elección" hasta que la elección no les beneficia? Sí, sé que la responsabilidad y la rendición de cuentas son difíciles.

A los hombres se les dice que está bien ser simplemente promedio. Está bien solo ser tú mismo. Nos dicen que la razón por la que no has alcanzado tu meta es por el racismo o la intolerancia o las cuotas o cualquier cosa. Ahora, esto es cierto en algunos casos, pero la verdad para aquellos a quienes esto se aplica es que son perezosos. Nunca se les enseñó a trabajar por lo que quieren. Nunca se les mostró cómo esforzarse para mejorar. Solo se les mostró cómo tomar el camino fácil.

Hubo un tiempo en nuestra sociedad cuando un hombre se habría ofendido al ver a una mujer trabajar más duro que él. Ahora solo estamos mirando a las mujeres para llenar los vacíos. Deberías avergonzarte de que una mujer sea más masculina que tú. No estoy hablando de todos, solo de unos pocos seleccionados, porque, como todos sabemos, las manzanas podridas reciben más atención. Sin embargo, la verdadera pregunta es: ¿por qué ella está eligiendo las manzanas podridas? Hmm, ¿podría ser porque no está calificada para estar con un buen hombre?

Para los hombres que quieren cambiar

Bueno, para los hombres que quieren cambiar, aquí hay algunas sugerencias sobre cómo pueden convertirse en una mejor versión de sí mismos:

- **Trabaja en tu apariencia física.**

¿Cuándo fue la última vez que fuiste al gimnasio?

- **Construye una carrera sólida.**

¿Estás trabajando en una carrera que te permita ganar seis cifras?

- **Deja los hábitos no saludables.**

¿Fumas o bebes? Si es más que socialmente, entonces detente. No es atractivo. Tampoco muestra una sensación de confianza, sino de debilidad.

- **Mejora tu apariencia general.**

Entiendo que estás trabajando duro y no sientes la necesidad de comprar la última tendencia en moda. Pero puedes mejorar tu estilo. Necesitas desarrollar tu propio sentido del estilo que te separe del resto.

- **Añade detalles importantes.**

Usa un buen reloj; esto da la apariencia de que eres un hombre de negocios.

Empieza a usar colonias, lo cual es un gran atractivo. Las mujeres son sensuales, y si hueles bien, siempre estarán curiosas sobre ti.

- **Trabaja en tus habilidades sociales.**

Reflexiona sobre tu actitud hacia los demás

¿Cuándo fue la última vez que pensaste en alguien además de en ti mismo?

- Ejemplo 1:

Tienes un amigo que está buscando trabajo, pero no le dirás que en donde trabajas están contratando. No lo harás porque no te beneficia directamente.

• Ejemplo 2:

No animas a tu amigo cuando ha perdido su trabajo sin culpa alguna. Preferirías decir: *"Vaya, amigo, eso es difícil"* en lugar de: *"Amigo, deja que pregunte por ahí y veamos qué encontramos".*

• Ejemplo 3:

Tienes un compañero de trabajo que te contó sobre una gran inversión. Después de investigarla, te das cuenta de que es una buena oportunidad, pero no se lo compartirás a nadie más porque todo se trata de ti.

Si eres egoísta, ¿cómo es eso un rasgo de carácter atractivo para una mujer? Demonios, ¿cómo es eso positivo para alguien?

Cambia tu mentalidad

Ahora, no me malinterpretes. Aún podrás conseguir una novia, pero deja de apuntar a las estrellas cuando ni siquiera calificas para lo básico. Necesitas verte como un conquistador de problemas, no como una víctima de malas decisiones.

Esto se aplica tanto a hombres como a mujeres. No existe tal cosa como una mala decisión, solo lecciones aprendidas.

• ¿Recuerdas cuando solías encogerte de hombros cuando las cosas se ponían difíciles?

• ¿Dónde está esa persona ahora?

Esa persona todavía está dentro de ti. Déjala salir. Esa persona que ves en el espejo cada día, ¿por qué la tienes encerrada?

Eres mejor que esto. No eres un comercial de cerveza; no eres un "thot" de las calles. Eres un trabajador duro que nunca ha permitido que nada te detenga de lograr tus metas. Entonces, ¿por qué empezar ahora?

¿Crees que esta debilidad es atractiva?

¿Crees que alguien puede ver un futuro contigo si tú no ves un futuro para ti mismo?

Toma acción. Puedes hacerlo mejor. Deja de compadecerte y haz algo para cambiar.

Capítulo 11

La entrevista

Para mí, tuve que cambiar cómo veía las citas. Necesitaba pensar realmente en qué cualidades estaba buscando y ser firme en ello. No quería repetir mis mismos errores. Así que decidí tratar las citas como una entrevista de trabajo.

Sí, sé que esto suena loco, pero escúchame. Aquí están las categorías:

1 RRHH.

2 Publicación de empleo.

3 Entrevista telefónica.

4 Entrevista en persona.

5 Das una carta de oferta.

6 Periodo de prueba de 90 días.

7 Tienes el trabajo.

8 Revisión de seis meses.

9 Después de seis meses a un año, entonces comienza a considerar su entrada en la dirección.

10 Puesto de VP ocupado.

Ahora, mi técnica realmente no es una idea nueva. Ya lo hacemos, pero a un nivel subconsciente. Aquí está el desglose:

RRHH

Este sería la aplicación de citas en la cual podría desplazarme por perfiles (currículums) para ver quién me interesaba. También podrías tener al que entra (alguien que conoces de pasada).

Publicación de empleo

Tuve que completar un perfil (descripción del trabajo). ¿Cuáles eran mis intereses y pasatiempos (habilidades laborales)? ¿Qué tipo de cualidades estaba buscando (mi candidato ideal)? Tuve que explicar por qué sentía que sería una buena opción para alguien (historia de la empresa). Tuve que describir cómo podría ser un día conmigo (la descripción del trabajo).

La entrevista telefónica

Este es el momento en que intercambiamos números de teléfono y comenzamos a tener una conversación general para conocernos. Usaría este tiempo productivamente. Haría las preguntas que sabía serían decisivas (no calificado para el puesto).

Ahora, si los sigues persiguiendo y no funciona, entonces adivina qué: TÚ eras el problema. TÚ sabías que no estaban calificados. Tengo cinco preguntas que normalmente hago. Solo compartiré una.

Cada pregunta está diseñada para ver qué tipo de persona son. Una de mis preguntas que siempre hago es: ¿Alguna vez has estado casado? – al hacer esta pregunta, busco descubrir:

- ¿Alguien más pensó que eran material para casarse?

• Si es así, ¿qué pasó, quién lo canceló y cuál fue la razón?

• Si dicen que fue una decisión mutua, entonces sé que no debo tomarlo en serio porque si no están dispuestos a admitir sus errores, siempre estarás culpado por todo en lugar de mirarse al espejo. No dejaré que vaya más allá porque no quiero que los sentimientos entren en juego y nublen mi juicio. Dado que todavía estamos en la fase de conocerse, no te debo ninguna explicación. Simplemente puedo alejarme. [SOLICITUD RECHAZADA]

• Si dicen que tuvimos nuestros errores, entonces valen la pena el esfuerzo de conocer más porque están conscientes de sus errores. [LUZ VERDE] [PROCEDER A ENTREVISTA EN PERSONA]

Otras preguntas incluyen:

• ¿Cuántos hijos tienen? Si el menor tiene menos de 16 años: [RED FLAG] [SOLICITUD RECHAZADA]. Mi preferencia personal es que no quiero ser un padrastro.

• ¿Dónde están los hijos del matrimonio? Si fue durante el matrimonio, entonces no hay problema real. Sin embargo, aún consideraría la edad de los hijos debido a mi preferencia de no querer ser padrastro. Si nunca se casaron y tienen hijos menores de 16 años: [RED FLAG] [SOLICITUD RECHAZADA].

• Si nunca se han casado pero tienen un hijo de alrededor de 16 años y otro de alrededor de 10: [RED FLAG] [SOLICITUD RECHAZADA].

Nota que mis preguntas son muy estructuradas. Esto solo se aplica si estás buscando estar en una relación seria. Ahora, ten en cuenta que esta es mi preferencia. Tu preferencia puede ser diferente. El punto de mi ejemplo es que si no sabes qué características estás buscando, entonces ¿por qué te enojas con ellos por TU problema?

Mientras estaba en aplicaciones de citas, solía mantener 10 mujeres en mis mensajes a la vez. Esto era para poder gestionar mejor con quién estaba hablando mientras entrevistaba. Después de siete años, solo tres personas pasaron la entrevista telefónica.

Entrevista en persona

Ok, ahora, después de haber hablado por teléfono, mis preguntas han sido respondidas a mi satisfacción. Ahora necesitamos ver si hay química. Este es el momento en el que puedo evaluar y ver si ella puede ser una jugadora en equipo o egoísta.

Durante la entrevista, podemos tener una conversación relajante y ver si nuestros puntos de vista están alineados. Nuestras conversaciones deben ser más que superficiales. Si no podemos tener conversaciones más profundas, entonces ¿qué estamos haciendo?

Ofreces una carta de oferta

Después de la entrevista y si todo salió bien, preguntas si quieren salir. Si dicen que sí, entonces tu carta de oferta fue aceptada.

Periodo de prueba de 90 días

Durante este tiempo, necesitas ver si son egoístas o generosos. Ver si están dispuestos a ofrecer y llevarte a salir. Esto es muy importante porque si no ofrecen, entonces podrían estar mostrando que realmente no están interesados en ti. [RED FLAG] [PRUEBA FALLIDA].

Evaluación de seis meses

Han tenido la oportunidad de conocerse, ver a sus familias, amigos y cómo son en vacaciones juntos. Este es el momento de reflexionar sobre lo que ahora has aprendido sobre ellos. Si descubres que no están dispuestos a seguir tu liderazgo, han sido irrespetuosos o les encanta discutir, entonces: [RED FLAG] [LO SIENTO, SUS SERVICIOS YA NO SON NECESARIOS].

Después de un año: Consideraciones

Si han pasado un año juntos sin señales de alerta, entonces podrías haber encontrado al indicado. Necesitas hacerles saber tus expectativas. Si han mostrado interés en matrimonio, entonces comienza a planificar, pero considera un acuerdo prenupcial para proteger tus intereses.

Cuidado con el esposo inicial

Este es un primer matrimonio breve entre dos adultos jóvenes, considerado como preparación para matrimonios posteriores más duraderos con diferentes parejas. Este tipo de relación es común entre celebridades, atletas y profesionales de altos ingresos.

Capítulo 12

Engaños

Tuve una conversación divertida con una amiga. Acababa de decirle que estaba escribiendo este libro sobre citas. Ella dijo bien. Más te vale hablar de estos hombres infieles que hay por ahí. Yo dije, sabes qué, ese es un buen tema. Aquí vamos.

· **Engañar** – cuando una persona en una relación romántica monógama tiene una relación emocional o sexual con alguien más sin el consentimiento de su pareja.

Me encanta cuando la gente usa esta expresión porque es una palabra cargada y desencadenante. Todos quieren culpar a la otra persona. Yo digo, mírate en el espejo, y por eso la otra persona hizo lo que hizo.

¿Por qué engañan los hombres? La razón principal por la que engañan los hombres es porque estaban en una posición vulnerable que se ha ido construyendo con el tiempo. Ahora, permíteme ser claro. Solo estoy hablando del buen chico, no de los otros ejemplos de hombres. Solo estoy hablando de los chicos que valoran la lealtad. Supongamos que decidiste casarte con Brad, Chad, Pookie o Ray-Ray. ¿Qué pensabas que iba a pasar? Estos hombres ya te estaban engañando antes de que te casaras o empezaras a salir con ellos. Demonios, estaba engañando a su esposa o novia para estar contigo. Así que deja de llorar como víctima.

Los buenos chicos son el tipo de hombres que harán todo lo posible para que una relación funcione. Entonces, ¿qué pasó? ¿Qué hizo que este chico hiciera algo que va en contra de su naturaleza?

• No ser respetado – actuar de manera insultante hacia ellos.

• No ser valorado – no ser reconocido por lo bueno o importante que son.

• Ser emasculado – el acto de menospreciar, degradar o socavar la masculinidad de un hombre.

Cualquiera o una combinación de estos tres puede hacer que un buen hombre sea vulnerable a la infidelidad. Ahora, seamos claros. Solo la mujer controla el acceso al sexo. Los hombres controlan el acceso a las relaciones. Entonces, así es como probablemente sucedió. Él tiene una amiga que estaba en su friend zone. Ella se dio cuenta de que después de que él encontró a alguien, ella había cometido un error al dejar ir a un buen hombre. Así que utiliza su papel de confidente para llenar todos los roles que su novia o esposa no lo hacía. Ahora, con el tiempo, ella le ha estado mostrando lo que quería que él viera. Él empieza a acercarse más a ella. La relación que él tenía con su novia o esposa continúa deteriorándose. Ella ha continuado haciendo una de las tres cosas que lo han estado alejando. Ahora, durante un momento de debilidad, él sucumbe a su manipulación. Esto podría haber sido una aventura de una noche, o podría haberse desarrollado en una relación completa. Sí, él tuvo la culpa. Él era el que estaba en una relación comprometida. También él no estaba satisfaciendo sus deseos con la mujer que se suponía debía estar comprometida con él.

Ahora, cuando una mujer engaña, es mucho peor porque ella es la que controla el acceso al sexo. Una mujer engaña por conveniencia.

Ella engañará porque:

1 Está aburrida.

2 Ha perdido interés.

3 Quiere más emoción.

4 Se siente restringida.

5 Se siente descuidada.

6 Se siente subestimada.

7 Podría estar escuchando a sus amigas celosas.

8 Se siente insegura.

9 Obtuvo la idea de las redes sociales.

Las mujeres actúan por sus sentimientos. Esta es la razón por la que los hombres no toman en serio a las mujeres cuando dicen que su hombre engañó. Una mujer engaña no solo porque encuentra atractivo al otro chico. Puede engañar simplemente porque siente que lo está devolviendo. Esta es verdaderamente una respuesta emocional que realmente no tiene sentido. ¿Piensas que romper tus valores te hará parecer más valiosa o que podrás recuperarlo una vez que lo descubra? Sí, realmente estás para las calles. Ahora, no me malinterpreten, no estoy condonando las acciones de ninguna de las partes. Estoy señalando que un hombre tendría que haber hecho mucho trabajo para poder atraer a otra mujer. Tendría que haber demostrado que es un gran partido. No necesariamente tienes que ser tan atractiva como mujer para conseguir un hombre. Solo necesitas estar dispuesta a realizar el acto. Así que, no llores como víctima.

Capítulo 13

Vergüenza, insulto y la necesidad de tener razón

Ok, ahora hablemos de esto. No sé si siempre ha sido así, pero ¿han notado que ya no se puede tener una conversación real con una mujer? ¿A qué me refiero con eso? Bueno, digamos que tú y una joven están teniendo una conversación. Comienza como una conversación realmente buena. Ambos ríen y cuentan chistes y luego ella te pregunta cómo te sientes sobre lo que sea. Le dices tus verdaderos pensamientos, pero como ella no está de acuerdo contigo ahora, comienza el judo verbal. Ella comienza diciéndote cómo tus puntos de vista están equivocados o que tú también lo haces. Empieza a decir que tus puntos de vista son misóginos. Entonces, cuando empiezas a defender tu punto de vista con evidencia bien documentada sobre el tema. Ella argumenta que eso no es cierto, así que le pides su evidencia. Luego continúa diciendo que tiene una amiga o simplemente no quiere creer en lo que estás diciendo. Así que la única razón por la que ella tiene razón es porque sus sentimientos no le permiten estar equivocada.

Entonces, ¿por qué estoy mencionando esto? Porque en el mundo de las citas me encuentro con esto todo el tiempo. Una dama me preguntaría cómo me siento sobre mi experiencia de citas, y ella automáticamente diría que estás equivocado. Entonces, luego pregunto ¿cuántos has salido? Normalmente luego siguen diciendo que probablemente lo dijo por lo que sea. Deberías haberla dejado salirse con la suya. Solo me río y luego digo. Entonces, mi opinión no significa nada en una conversación si no estás de acuerdo con ella. LOL [BANDERA ROJA] [SOLICITUD RECHAZADA] Chica, adiós.

Hablar con algunas mujeres es como hablar con un niño. Supongamos que no pueden salirse con la suya. Harán un berrinche. Ahora bien, sé que no soy el único hombre que ha tenido esta experiencia. Ahora, para todas las mujeres que pueden estar leyendo esto. Sé que están desencadenadas. Sé que están gritando, pero los hombres también lo hacen. Bueno, mi respuesta a eso es sí, eso podría ser cierto, pero no en el grado que lo hacen las mujeres. En el mundo de las redes sociales, tienes podcasts enteros creados solo para avergonzar a los hombres y tienen más de 100K suscriptores. Esto es muy vergonzoso. También tienes a los simplones que también respaldan esta narrativa. Lo hacen porque están tratando de obtener clics y vistas de las mujeres. Básicamente, las mujeres que no les gustan los hombres están culpando a los hombres de ser hombres. Sin embargo, si pudieran atraer al hombre que quieren. Adivina qué, no tendrían una palabra que decir. Me pregunto por qué.

¿Cómo crees que esto va a funcionar? Si tienes la mentalidad de que todos los hombres o mujeres son basura. El problema no está en la otra persona. El problema es contigo. Eres el único denominador común en todas tus relaciones.

Preferirías gastar toda tu energía hablando mal de los hombres en lugar de escucharlos. Esto es una locura. Te das cuenta de que los hombres también están viendo tus redes sociales y podcasts. Todos estamos escuchando cómo te sientes sobre nosotros. Sabemos que hay unos cuantos que realmente no dicen en serio lo que están diciendo, pero lo hacen por los 'me gusta' y los suscriptores. Lo entiendo. Todo se trata de conseguir el dinero. Puedo ver que no lo has pensado bien. Los hombres en tu área saben quién eres. Los hombres que no están en tu área pueden ver tu rostro. Ahora saben cómo te sientes sobre los hombres en general. Literalmente te has excluido de cualquier posibilidad de estar con un buen hombre. Demonios, incluso los simplones no te van a querer, y eso es decir mucho. Solo bromeo, a un simplón no le importa. JAJA.

Ahora has puesto globalmente que no te importan los cuidados ni los deseos de los hombres. Solo te preocupas por ti. ¿Crees que los hombres no prestan atención? Es una cosa decir estas cosas en la radio, porque al menos no podemos ver cómo te ves. Siempre podrías negar que lo dijiste. No puedes hacer eso en una transmisión web, no solo eso. Tus futuros hijos verán cómo actuó su madre cuando era joven. ¿No entiendes cuánta vergüenza estás poniendo no solo en ti, tu familia y también en tu futura familia? Sé que no podrías haber pensado esto. Bueno, está bien. Te escuchamos y aceptamos lo que dices. Lo he dicho antes. Tu crítica está debidamente notada. Si algún hombre defiende este tipo de crítica, entonces no solo eres un simplón. Eres un ultra-simplón. Eres el más bajo de lo bajo.

¿Por qué? Porque habrás demostrado que no tienes respeto por ti mismo en absoluto. ¿No sabes que al complacerlos, no estás ganando puntos con ellos? Aún no serás más atractivo para ellos. Tu podcast no se volverá famoso. CPuede que accidentalmente hagas algo que se vuelva viral, pero confía y cree que fue un accidente. A nadie le importa una persona que no tiene respeto por sí misma. Ok, lo siento. Estoy de vuelta. Este tema me provocó.

Capítulo 14

¿Por qué estás tan enojada?

Mujeres, si todavía están aquí, tengo una pregunta. ¿Por qué están tan enojadas con los hombres? Quiero decir, en serio, ¿por qué? Han estado gritando a todo pulmón que quieren ser tratadas igual que los hombres. Ahora que hemos escuchado y estamos aceptándolo, ahora están enojadas porque no las tratamos como a una dama. No pueden tener las dos cosas. Se suben a las redes sociales y le dicen al mundo que no necesitan un hombre. Genial, entonces dejen de enojarse ahora que no les prestamos ninguna atención. No nos acercaremos a ti en público, en el trabajo o en cualquier lugar donde te veamos porque has dejado claro que no necesitas ni quieres nuestra atención. Ahora solo pasaremos nuestro tiempo con mujeres que quieren estar con nosotros. No necesitamos escuchar lo que dices. No necesitamos entender tus problemas. No necesitamos tener paciencia contigo mientras resuelves todo. Ese es un problema tuyo, no un problema nuestro.

Has sido valiente para decirles a los hombres que necesitan poner su acto en orden y hacerlo mejor. Bueno, adivina qué. Los chicos que no quieres siempre han estado haciendo exactamente eso. Estoy hablando de los buenos hombres. Han estado haciendo esto desde siempre. No lo sabrías porque los has puesto en tu friend zone. Entonces, tu problema es con Pookie y Ray-Ray, Brad y Chad, a quienes has estado persiguiendo la mayor parte de tu vida. Ahora que lo hemos aclarado. Odio ser portador de malas noticias, pero a estos chicos no les importa un comino lo que tengas que decir. Los amas tal como son, y ellos lo saben. Entonces, ¿por qué cambiarían si ha estado funcionando tan bien para ellos? Haz que tenga sentido.

Estás enfadada con Pookie y Ray-Ray porque te dejan con los niños mientras ellos continúan con su vida. Esto no está bien, pero hmmm, elegiste abrir las piernas para él. Sabías que él no estaba interesado en ti de esa manera. Entonces, ¿cómo es su culpa? Oh, espera, es porque es un hombre. Sí, ok, estoy harto de esto. Mírate en el espejo. Hasta ahora, todas las cosas que he señalado son tu problema, no nuestro problema. Si eliges mejor, podrás obtener algo mejor. Oh, espera, mi error. No, tampoco puedes hacerlo mejor por tu boca y actitud. Qué pena ser tú. Te has vuelto tan poco atractiva que nadie puede soportar estar cerca de ti por más de un minuto. Ahora, no estoy hablando del cuidador o incluso de las mujeres que están para jugar. Ellas no tienen problemas en conocer buenos hombres para estar con ellos. Solo ustedes, las callejeras, tienen un problema. Solo tú te enojas cuando te señalan por tu boca, actitud y falta de modestia.

Saco todo esto a colación no para avergonzarte sino porque estoy tratando de hacerte ver que necesitas dejar de buscar culpar a todo el mundo por tus malas decisiones y acciones. Puedes hacerlo mejor si te conviertes en mejor. Sigue tu propio consejo que has estado empujando a los hombres, haz terapia.

Terapia – una forma de tratamiento que tiene como objetivo ayudar a resolver problemas mentales o emocionales.

Hay cinco tipos de terapia:

- Psicoanálisis y terapias psicodinámicas. Este enfoque se centra en cambiar comportamientos, sentimientos y pensamientos problemáticos descubriendo sus significados y motivaciones inconscientes.
- Terapia conductual. Este enfoque se centra en el papel del aprendizaje en el desarrollo de comportamientos tanto normales como anormales.
- Terapia cognitiva. La terapia cognitiva enfatiza lo que la gente piensa más que lo que hace.
- Terapia humanista. Este enfoque enfatiza la capacidad de las personas para tomar decisiones racionales y desarrollar su máximo potencial.
- Terapia integradora o holística. Muchos terapeutas no se atan a un enfoque único. En cambio, combinan elementos de diferentes enfoques y adaptan su tratamiento según las necesidades de cada cliente.

Ahora, solo para ser claros, no todos los terapeutas son igual de buenos. Si llevas más de dos años en terapia, entonces quienquiera que estés viendo puede que no te esté ayudando sino usándote. La otra razón también podría ser que no estás tomando la terapia en serio. Solo estás pasando por los movimientos solo para poder decir que fuiste. Solo obtendrás lo que estás poniendo en la sesión. Se supone que este es un espacio seguro para explorar tus sentimientos y emociones. Este es tu primer paso para abrirte. Esta es tu oportunidad para hacer un cambio positivo en tu vida. Puedes empezar a tener una relación saludable. Esta es tu oportunidad para convertirte en la mejor versión de ti misma. Deja de escuchar a personas que no saben de lo que están hablando. Comienza a escuchar a profesionales que tienen un historial de ayudar a personas en tu situación. VAMOS, tienes que QUERERLO. No será fácil, pero valdrá la pena. Has intentado todo lo demás, y mira dónde te ha llevado. No tengas miedo de ser feliz.

Capítulo 15

¿Por qué sigues a la multitud?

Deja de seguir cada tendencia despreciable que te devalúa y comienza a crear tendencias que puedan mejorar tu imagen. Disfrutas tanto de las calles que preferirías:

- Tomar consejos sobre relaciones de una mujer que tiene tres hijos de tres hombres diferentes.
- Que es más falsa que un programa de telerrealidad. Entonces, escucha a una mujer que apoya a su hombre y cría a sus hijos en un entorno amoroso.

No, espera, mi culpa, estás haciendo algo. Estás comprando estas uñas postizas, pelo falso, pestañas falsas y haciéndote BBL. Sí, esa es la jugada. Estoy seguro de que ahora tienes una larga fila de hombres queriendo entrar en tus DM. Estoy seguro de que tu suscripción a Only Fans ahora está explotando. Felicidades, ahora le has mostrado al mundo dónde están tus valores. Mira, puedes justificar tus acciones como quieras. No te estoy juzgando. El hecho es, sin embargo, que en el mundo real, te consideran una 304 (una prostituta). Sí, ahora estás ganando un serio dinero. Eres joven, en tus veinte y treinta, viviendo la buena vida. La prostitución siempre ha sido un gran generador de dinero. Ahora con la tecnología de hoy, ya no necesitas un chulo. Puedes hacer eso por ti misma. Esta es la profesión más antigua del mundo. No hace daño a nadie mientras sean adultos que consienten legalmente. Todos los Simps, Pookie, Ray-Ray, Brad, Chad y los chicos malos del mundo, te agradecen por el servicio que estás proporcionando. El único problema, sin embargo, es que lo que estás vendiendo envejece con el tiempo. Pronto estarás compitiendo con la versión más joven de ti misma. Entonces comenzarás a buscar un buen hombre. Lo único es que él no estará ahí para ti. Ningún hombre querría tratar con una mujer que no se respeta a sí misma. Bueno, espera, tienes uno. Han estado esperando todo este tiempo a que los notes. Se llaman simps. Mira, hay un hombre aquí para todos.

Capítulo 16

NO PUEDES complacerlas

por Robert Mugabe

NO PUEDES dar a una mujer todo lo que necesita.
Si Dios mismo les dio cejas, las afeitan y dibujan las suyas.
Dios les dio uñas, las cortan y fijan las suyas.
Dios les dio cabello, lo cortan y fijan el suyo.
Les dio senos, los reempaquetan como quieren.
Dios todavía les dio nalgas. Las ajustan al tamaño que quieren.
Si ni siquiera Dios puede satisfacerlas, entonces ¿quién eres tú para pensar que puedes complacerlas?

Hermano, no te mates.

Capítulo 17

Aquí están las consecuencias de la irresponsabilidad

Referencias: *Fatherless Single Mother Home Statistics | Fix Family Courts.*

Estadísticas de hogares de madres solteras

Muchos de los tiroteos escolares son producto de hogares rotos.

Los tiroteos escolares han ido en aumento, y hay una fuerte probabilidad de que esto sea el resultado de hogares monoparentales que carecen de un padre, el resultado de un experimento social fallido de los tribunales de familia. Los tribunales de familia obligan a los niños a vivir en hogares rotos con padres solteros solo porque los padres se divorcian o separan, incluso cuando ambos padres son aptos.

Hogares rotos conducen a epidemias adolescentes

Las siguientes estadísticas fueron presentadas por Paul Clements, un padre involucrado en esta lucha, quien ha compartido esta investigación compilada. Gran parte de la investigación se basa en el género porque ha habido una fuerte iniciativa a lo largo de la última década para que los padres vuelvan a formar parte de la vida de los niños. Esto se da después de un estándar de monoterapia (que, por cierto, fue implementado por los trabajadores de salud mental que el tribunal adoptó como la doctrina de los años tiernos), donde se creía que las madres eran mejores para la crianza de los niños. Esto impulsó políticas de tribunales de familia con sesgo de género bajo la mencionada doctrina, y causó la pérdida de padres en la vida de los niños.

Hogares de madres solteras: Estadísticas

La maternidad soltera se ha vuelto tan común en América que hoy, el 80% de las familias monoparentales están encabezadas por madres solteras. Un tercio de ellas vive en la pobreza.

- El 37.8% de las madres solteras estaban divorciadas en 2004. Ahora es el 29.3% en 2024.
- El 41% nunca estuvieron casadas en 2004, ahora es el 51.4% en 2024.
- El 6.5% eran viudas en 2004, pero ahora es el 3.6% en 2024.

De estas cifras:

- El 51.4% de las madres solteras nunca han estado casadas.
- Aproximadamente dos tercios son blancas y un tercio son negras.

Hay un total de 10.89 millones de hogares monoparentales, de los cuales:

- El 79.5% están liderados por madres.
- El 31.3% están por debajo del nivel de pobreza.
- El 45.4% están recibiendo cupones de alimentos.

• El 20.8% han estado desempleados durante todo un año.

• El 9.2% no tienen seguro de salud.

• El 11.2% no han terminado la escuela secundaria.

• El 37.8% de las madres solteras estás divorciadas, el 41% nunca se casaron, el 6.5% son viudas.

Brookings Institute, "Assessing the Impact of Welfare Reform on Single Mothers," Part 2, 3/22/04.

Impacto en niños y adolescentes

1 "El predictor más fuerte de si una persona terminará en prisión es que fue criada por un solo padre".

◦ C.C. Harper y S.S. McLanahan, "Ausencia del Padre e Incarceración Juvenil", Documento presentado en la Reunión Anual de la Asociación Sociológica Americana, San Francisco, CA, 1998.

2 En 1996, el 70% de los reclusos en centros de detención juvenil estatales cumpliendo largas condenas fueron criados por madres solteras.

◦ Wade Horn, "Por Qué No Hay Sustituto Para los Padres," IMPRIMIS 26, NO.6, junio, 199.

3 El 72% de los asesinos juveniles y el 60% de los violadores provienen de hogares con madres solteras.

◦ Chuck Colson, "¿Cómo Viviremos?" Tyndale House, 2004, p.323.

4 "Después de controlar por maternidad soltera, la diferencia entre las tasas de criminalidad negras y blancas desapareció".

◦ Progressive Policy Institute, 1990, citado por David Blankenhorn, "América Sin Padres: Confrontando Nuestro Problema Social Más Urgente," Nueva York, Harper Perennial, 1996, p.31.

Criar sin un padre podría alterar permanentemente la estructura del cerebro y producir niños más agresivos y enojados.

• Los niños criados solo por una madre soltera tienen un mayor riesgo de desarrollar comportamientos desviados, incluido el abuso de drogas.

◦ Dra. Gabriella Gobbi, Universidad McGill y Francis Bamlico, Centro de Adicción y Salud Mental, publicado en el diario "CEREBRAL CORTEX".

"En un estudio reciente realizado por la Fundación Annie E. Casey, con sede en Baltimore, comparando estadísticas para su informe *Kids Count*, la organización informó que Detroit ocupa el puesto número 1 en nacimientos fuera del matrimonio entre las 50 ciudades más grandes de la nación. De los 16,729 bebés nacidos en Detroit en 1997, 13,574 eran negros, 1,679 eran blancos y 817 eran hispanos. El setenta y uno por ciento nacieron de madres solteras. Esto se compara con un promedio estatal del 33 por ciento y un promedio de 43 por ciento en las 50 ciudades".

Detroit es el peor infractor en nuestra lista de las ciudades más peligrosas de Estados Unidos, gracias a una asombrosa tasa de 1,220 crímenes violentos cometidos por cada 100,000 habitantes. "Para el Día de Acción de Gracias de 2012, la ciudad había superado los 344 homicidios reportados en todo 2011. Al 16 de diciembre, la ciudad había registrado 375 asesinatos".

Los padres solteros constituyen un tercio de los padres en Wisconsin, según informa la Fundación Annie E. Casey. Y, de acuerdo con un informe de 2009 de la Oficina del Censo de los EE. UU., hay aproximadamente 13.7 millones de padres solteros en todo el país, con madres solteras superando a los padres solteros en una proporción de cinco a uno.

Dos tercios de todos los niños asesinados son asesinados por sus madres. Fuente: Sitio web del Departamento de Salud y Servicios Humanos de los EE. UU., *'Estadísticas de Abuso Infantil por Relación'*, marzo de 2013.

"Las niñas criadas sin padres son más promiscuas sexualmente y más propensas a terminar divorciadas".

Wade Horn, "Por Qué No Hay Sustituto Para los Padres," *IMPRIMIS* 26, N°6, junio de 1997.

El 70% de los nacimientos adolescentes ocurren en niñas de hogares con madres solteras.

David T. Lykken, "Reconstruyendo Padres," *Psicólogo Americano* 55, 681, 2000.

El 86% de los nacimientos adolescentes en Estados Unidos son fuera del matrimonio.

Dr. David Popenoe, "El Futuro del Matrimonio en América," Universidad de Rutgers, *The National Marriage Project*, 2007.

"Estados Unidos tiene más del doble de nacimientos adolescentes que otras naciones desarrolladas".

Isabel V. Sawhill, ante el Comité de Medios y Arbitrios de la Cámara, Subcomité de Recursos Humanos, 29 de junio de 1999.

Hay más de 400,000 nacimientos adolescentes anualmente en los EE. UU., la mayoría de ellos de madres solteras que reciben asistencia social.

Campaña nacional para prevenir el embarazo adolescente

El costo público de los nacimientos de

adolescentes de 17 años o menos se estima en **7.6 MIL MILLONES de dólares** al año. Los hijos de madres adolescentes tienen más probabilidades de estar en cuidado de crianza, menos probabilidades de graduarse de la escuela secundaria, las hijas tienen más probabilidades de tener nacimientos adolescentes ellas mismas y los hijos tienen más probabilidades de ser encarcelados.

— Saul Hoffman, Universidad de Delaware.

El **70%** de los desertores escolares y el **70%** de los suicidios adolescentes provienen de hogares con madres solteras.

— Wade Horn, *"Why There Is No Substitute For Parents,"* IMPRIMIS 26, N° 6, junio de 1997.

El **70%** de los niños que huyen de casa, el **70%** de los delincuentes juveniles y el **70%** de los menores asesinos provienen de hogares con madres solteras.

— Richard E. Redding, *"It's Really About Sex,"* Duke Univ. Journal of Gender Law and Policy, 1 de enero, 2008.

Efectos de la falta de un padre – Estadísticas sobre adolescentes

- **63%** de todos los suicidios juveniles.
- **70%** de todos los embarazos adolescentes.
- **71%** de todos los adolescentes que abusan de sustancias químicas.
- **80%** de todos los presos.
- **90%** de todos los niños sin hogar y los que huyen de casa provienen de hogares con madres solteras.

— Bob Ray Sanders, *"Hey Y'all, Let's Fill The Hall (Of Fame),"* Ft. Worth Star-Telegram, 28 de octubre, 2007.

— Mona Charen, *"More Good News Than Bad?"*, Washington Times, 16 de marzo, 2001 (citando a Bill Bennett, *"The Index of Leading Cultural Indicators: American Society at the End of the 20th Century,"* Nueva York, Broadway Books, 1994).

"Observen el perjuicio a los niños y a la sociedad que proviene de la custodia materna exclusiva", escribe Paul.

Los niños criados en hogares de madres solteras son:

Los niños criados en hogares de madres solteras son:

- **5 veces** más propensos a suicidarse.
- **9 veces** más propensos a abandonar la escuela secundaria.
- **10 veces** más propensos a abusar de sustancias químicas.
- **14 veces** más propensos a cometer violación.
- **20 veces** más propensos a terminar en prisión.
- **32 veces** más propensos a huir de casa.

— Chuck Eddy, *"The Daddy Shady Show,"* Village Voice, 31 de diciembre, 2002.

El diario *Health Affairs* reportó una disminución de cinco años en la esperanza de vida de las mujeres blancas sin diploma de secundaria. Los hombres blancos sin diploma de secundaria habían perdido tres años de esperanza de vida.

http://prospect.org/article/whats-killing-poor-white-women.

En **1979**, hubo **600,000** nacimientos fuera del matrimonio.

— Patrick Fagan y William H.G. Fitzgerald, *"Why Serious Welfare Reform Must Include Serious*

*Adoption Reform".*Heritage Foundation Reports, 27 de julio, 1995.

En **2003**, hubo **1.5 millones** de nacimientos fuera del matrimonio.

Menos del **1%** se dieron en adopción.

— Fagan y Fitzgerald (mencionados arriba).

Menos del **1%** de los niños nacidos de mujeres nunca casadas fueron colocados en adopción entre 1989 y 1995.

— U.S. DHHS, *Child Welfare Information Gateway, "Voluntary Relinquishment For Adoption, Numbers and Trends,"*2005.

Solo el **4%** de los graduados universitarios tiene hijos ilegítimos, y solo el **16%** de los graduados universitarios se divorcian, en comparación con el **46%** de los desertores de secundaria, quienes se casan en menor proporción desde el inicio.

— Dr. David Popenoe, *"The Future Of Marriage In America," "The Frayed Knot – Marriage in America,"* The Economist, 26 de mayo, 2007.

El **50%** de las madres solteras vive por debajo del umbral de pobreza, y sus hijos tienen **seis veces** más probabilidades de estar en la pobreza que los hijos de padres casados.

— Chuck Colson, *"How Shall We Live,"* Tyndale House.

El **85%** de las familias sin hogar son familias encabezadas por madres solteras.

— Barry H. Waldman y Stephen P. Perlman, *"Homeless Children With Disabilities," The Exceptional Parent,* 1 de junio, 2008 (Academia Americana de Medicina y Odontología del Desarrollo).

El **90%** de los beneficiarios de asistencia social son madres solteras.

— Jason DeParle, *"Raising Kevion,"* New York Times, 22 de agosto, 2004.

Más del **30%** de las familias encabezadas por madres solteras viven en la pobreza, en comparación con el **16.4%** de las familias encabezadas por padres solteros.

— Amanda Hess, *http://www.slate.com/blogs/xxfactor/2013/09/19.*

En **1970**, había **3 millones** de madres solteras; en **2003**, esa cifra aumentó a **10 millones**.

— U.S. Census, Table FM-2, *All Parent/Child Situations, by Type, Race, and Hispanic origin of Householder, 1970 to 2003.*

Más de un millón de niños británicos actualmente viven sin un padre y no tienen modelos masculinos adultos, una cifra que está aumentando a una tasa de 20,000 por año. En el distrito Manor Castle de Sheffield, Inglaterra, el **75%** de los hogares están encabezados por un padre soltero, comúnmente una mujer.

— Center for Social Justice (6/2013).

La tasa de nacimientos fuera del matrimonio aumentó más del **300%** desde 1970.

— House Ways and Means Committee, *Nonmarital Births to Adults and Teenagers and Federal Strategies to Reduce Nonmarital Pregnancies,* apéndice "M," 2003.

Los efectos a largo plazo en la salud de las familias rotas son a menudo devastadores. El divorcio de los padres durante la infancia surgió como el predictor más fuerte de muerte temprana en la adultez. Los hijos adultos de padres divorciados murieron, en promedio, casi cinco años antes que los hijos de familias intactas. Las causas de muerte variaron desde accidentes y violencia hasta cáncer, ataques cardíacos y accidentes cerebrovasculares. Las rupturas parentales siguen siendo, según los autores, uno de los eventos más traumáticos y dañinos para los niños.

— *The Longevity Project,* por Howard S. Friedman y Leslie R. Martin (Hudson Street Press).

Fix Family Courts señala que el último párrafo de las estadísticas anteriores debería justificarse. No es el divorcio en sí lo que está causando muertes tempranas en la adultez, sino el resultado de que un padre se reduzca a un visitante y se le quite su autoridad sobre el niño, lo cual elimina la seguridad y estabilidad de ese niño, generando efectos peligrosos.

Agradecemos a Paul por proporcionar estas estadísticas. Muchos otros, como Mike Whitney, David Mortimer, Thommy Noodlez, Joe Barrow y Thomas Fidler, han hecho grandes esfuerzos para ayudar a los padres a proteger a sus hijos. Agradecemos a todos los soldados padres que, siendo personas comunes, han sido heridos en esta batalla y se han unido para detener esta epidemia para la próxima generación.

Crecer sin un padre en una familia negra

"Después de controlar la maternidad soltera, la

diferencia entre las tasas de criminalidad negras y blancas desapareció".

— Progressive Policy Institute, 1990, citado por David Blankenhorn, *"Fatherless America: Confronting Our Most Urgent Social Problem,"* Nueva York, Harper Perennial, 1996, p.31.

Effects of the Breakdown of the Black Family

Issue: Children from broken families suffer from a number of negative outcomes, regardless of race or ethnicity. Because black families are the least intact,[1] they tend to experience these consequences more than any other race.

Effects of Single Parenthood

- *Crime*. Boys who grow up without a father are twice as likely to end up in jail than those who come from two-parent families.[2]
- *Behavior*. 85 percent of all children that exhibit behavioral disorders come from fatherless homes.[3]
- *Education*. 71 percent of all high school dropouts come from fatherless homes.[4]
- *Poverty*. In 2011, 12 percent of children in married-couple families were living in poverty, compared to 44 percent of children in mother-only families.[5]

State of the Black Family

- Between 1960 and 2012, the share of black adults ages 25 and older who have never been married quadrupled (from 9 percent in 1960 to 36 percent in 2012).[6]
- In 2012, 72.1 percent of African American children were born out of wedlock.[7]
- Only 17 percent of black 15-17 year olds are living with their married biological parents, while 83 percent have lived in non-intact families.[8]

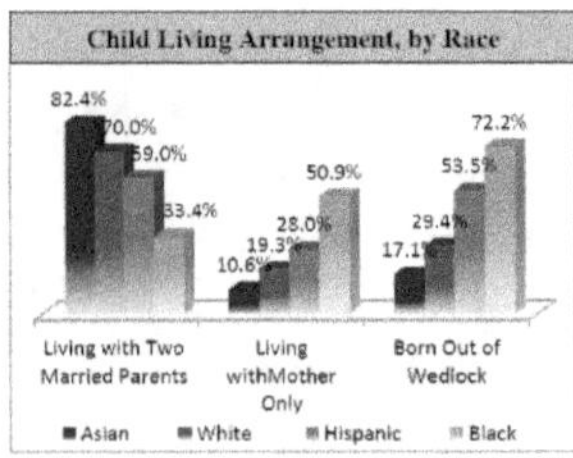

Negative Outcomes for Black Children

- A study by the Progressive Policy Institute found, "After controlling for single motherhood, the difference between black and white crime rates disappeared."[9]
- A longitudinal study of black urban youth revealed when parents were married, adolescents demonstrated significantly higher grades, mediated through paternal involvement.[10]
- The poverty rate for black married-couple families is five times lower than for black non-married families.[11]

Conclusion: The breakdown of the black family has created a multigenerational crisis within the black community. This crisis has not only exacerbated racial disparities, but also has profoundly wounded our nation, especially black children in the next generation.

---

[1] Patrick F. Fagan, "The Fourth Annual Index of Family Belonging and Rejection" MARRI Research, February 2014 available at http://downloads.frc.org/EF/EF14B32.pdf

[2] This figure controls for factors such as income, parent education, race, and urban residence.
Cynthia Harper and Sara S. McLanahan . "Father Absence and Youth Incarceration." *Journal of Research on Adolescence* 14 (September 2004): 369-397 accessible at http://www.gwu.edu/~pad/202/father.pdf

[3] National Institute of Justice and the Executive Office for Weed and Seed, "What Can the Federal Government Do To Decrease Crime and Revitalize Communities?" National Institute of Justice Research Forum (1998) accessible at https://www.ncjrs.gov/pdffiles/172210.pdf. Accessed 3 October 2014.

[4] National Institute of Justice and the Executive Office for Weed and Seed, "What Can the Federal Government Do To Decrease Crime and Revitalize Communities?" National Institute of Justice Research Forum (1998). Available at https://www.ncjrs.gov/pdffiles/172210.pdf. Accessed 3 October 2014.

[5] *U.S. Census Bureau, Children's Living Arrangements and Characteristics:* March 2011, Table C8. Washington D.C.: 2011.

[6] Wendy Wang and Kim Parker, "Record Share of Americans Have Never Married: As Values, Economics and Gender Patterns Change," *Pew Research Center*, September 2014, available at http://www.pewsocialtrends.org/2014/09/24/record-share-of-americans-have-never-married/

[7] Martin J. A., Hamilton B. E., Osterman, M. J. K., Curtin, S. C., & Mathews T. J. (2013). Births. Final data for 2012. National Vital Statistics Reports, 62(9). Hyattsville, MD: National Center for Health Statistics. Available at http://www.cdc.gov/nchs/data/nvsr/nvsr62/nvsr62_09.pdf As cited by "Births to Unmarried Women: Indicators on Children and Youth" Child Trends Data Bank. July 2014 http://www.childtrends.org/wp-content/uploads/2012/11/75_Births_to_Unmarried_Women.pdf. Accessed 3 October 2014.

[8] Patrick F. Fagan, "The Fourth Annual Index of Family Belonging and Rejection" MARRI Research, February 2014 available at http://downloads.frc.org/EF/EF14B32.pdf

[9] Progressive Policy Institute, 1990. As cited by David Blankenhorn, "Fatherless America: Confronting Our Most Urgent Social Problem." New York, Harper Perennial, 1996, p.31
http://www.jstor.org/discover/10.2307/2779588?uid=3739936&uid=2129&uid=2&uid=70&uid=4&uid=3739256&sid=21104268888111

[10] Cheryl L. Somers, et al, "Family disruption and academic functioning in urban, black youth," *Psychology in the Schools* 48: 4 (2011): 357-370. Accessed 3 October 2014.
Doi: 10.1002/pits.20559

[11] United States. Bureau of Labor Statistics and the Census Bureau. "POV02. People in Families by Family Structure, Age, and Sex, Iterated by Income-to-Poverty Ratio and Race." *Current Population Survey, 2011 Annual Social and Economic Supplement.* Washington: US Census Bureau, 2011. Web. 30 Jul. 2014.
http://www.census.gov/hhes/www/cpstables/032011/pov/POV02_100.htm.

Estadísticas de madres solteras

Lo que antes estaba mayormente limitado a mujeres pobres y minorías, la maternidad soltera ahora se está convirtiendo en la nueva "norma". Esta prevalencia se debe, en parte, a la creciente tendencia de los nacimientos fuera del matrimonio, una realidad social que era prácticamente desconocida hace décadas.

Aproximadamente **4 de cada 10 niños** nacieron de madres no casadas. Casi dos tercios nacieron de madres menores de 30 años. Hoy, **1 de cada 5 niños** menores de 18 años —un total de aproximadamente **15.7 millones**— se crían sin un padre.

Según la Oficina del Censo de EE.UU., de unos **10 millones** de familias monoparentales con niños menores de 18 años, casi el **80%** están encabezadas por madres solteras.

- Nunca casadas: **51.4%**
- Divorciadas: **29.3%**
- Separadas: **15.6%**
- Viudas: **3.6%**

Ingreso

Las madres solteras ganan ingresos que las colocan muy por debajo de las madres casadas en la escala de ingresos. La brecha entre los dos grupos es significativamente grande.

- Madres solteras: **$51,168**
- Parejas casadas: **$106,921**

El ingreso medio para familias lideradas por madres solteras en 2021 fue de aproximadamente **$51,168**, muy por debajo del ingreso medio de **$106,921** de parejas casadas.

Pobreza

Las madres solteras tienen muchas más probabilidades de ser pobres que las parejas casadas. La tasa oficial de pobreza para las familias de madres solteras en 2021 fue:

- **31.3%**, casi cinco veces más que la tasa de **5.4%** para familias de parejas casadas.
- Las familias encabezadas por mujeres de color tuvieron resultados aún peores:
  - Negras: **37.4%**
  - Hispanas: **35.9%**
  - Blancas: **25.0%**
  - Asiáticas: **19.7%**

Dificultades

Las familias encabezadas por madres solteras se encuentran entre los hogares más pobres:

- Casi un tercio (**24.3%**) sufría de "inseguridad alimentaria".
- Casi la mitad (**45.4%**) recibía cupones de alimentos, mientras que el **7.3%** recibía beneficios en efectivo de TANF.
- En 15 estados, los niveles de beneficios de TANF para una familia de tres personas no alcanzaban siquiera el 20% del umbral de pobreza, lo que equivale a unos **$414 por mes**.

Incluso para quienes recibieron asistencia, el monto fue mucho menor de lo que necesitaban para evitar dificultades como el hambre, la falta de vivienda y los cortes de servicios públicos.

Acceso a servicios de salud

En todos los niveles de ingresos, las madres solteras son el grupo con más probabilidades de carecer de seguro médico, aunque las tasas de personas sin seguro han disminuido en los últimos años gracias al Obamacare.

Acceso al cuidado infantil

A nivel nacional, el costo anual promedio del cuidado infantil en centros para infantes representa más del **40%** del ingreso medio estatal de una madre soltera, y cerca del **30%** para un niño en edad escolar.

En Massachusetts, Nueva York, Washington, Nebraska y California, una madre soltera con un bebé de 0-3 años tendría que pagar más de la mitad de sus ingresos para el cuidado infantil en un centro.

STATE MOST EXPENSIVE	Average Annual CostFOR SINGLE MOTHER FAMILIES	Cost of CareAS A % OF INCOME
Massachusetts	$21,269	60.4%
New York	$18,574	57.7%
Washington	$19,200	54.5%
Nebraska	$16,640	53.5%
California	$18,201	51.8%

El subsidio para el cuidado infantil, si se es elegible, es difícil de obtener. En 2021, **13 estados** tenían listas de espera o habían congelado la inscripción para asistencia de cuidado infantil, con tiempos de espera de entre 90 días y dos años. Según los últimos datos disponibles de la Oficina del Censo de EE.UU., el **9.2%** no tenía cobertura de seguro médico.

Aunque la Ley de Cuidado de Salud Asequible (ACA) ofrece a más madres solteras de bajos ingresos acceso al seguro médico, casi la mitad de estas familias reside en estados que han rechazado la expansión de los programas de Medicaid.

Entre los **11 estados** que no expandieron la cobertura de Medicaid, el nivel medio de elegibilidad para padres es apenas el **50%** del nivel de pobreza federal, con solo dos estados (Tennessee y Wisconsin) cubriendo a padres con ingresos cercanos a la pobreza.

Acceso a la educación

Las madres solteras suelen gastar más de la mitad de sus ingresos en gastos de vivienda y un tercio en cuidado infantil, dejándoles menos dinero para gastos educativos.

Según los últimos datos de la Oficina del Censo de EE.UU., solo **1 de cada 4** se graduó con un título universitario, mientras que casi **una sexta parte** no había terminado la escuela secundaria.

Sin ayuda financiera, las madres solteras estudiantes tienen pocos o ningún medio para contribuir financieramente a sus gastos educativos.

Comparación con madres solteras en otros países

La mayoría de las madres solteras en los Estados Unidos están separadas, divorciadas o viudas, trabajan más horas y, sin embargo, tienen tasas de pobreza más altas que las madres solteras en otros países de altos ingresos.

Esto se debe a que muchas madres solteras empleadas ganan salarios de pobreza en trabajos de baja remuneración y, a menudo, no tienen acceso a licencias pagadas.

Estos factores, junto con programas de "red de seguridad" menos generosos y desigualdad salarial entre mujeres, explican la excepcionalmente alta tasa de pobreza entre las familias de madres solteras en los Estados Unidos.

Capítulo 18

Divorcio

La tasa refinada de divorcios a menudo se considera más precisa.

Estadísticas de Divorcio 2023: Todo lo que Necesitas Saber (grazianolaw.com)

La edad desempeña un papel significativo en las tasas de divorcio. Según la Oficina del Censo de los EE. UU., las parejas más jóvenes tienden a tener tasas de divorcio más altas, con un riesgo que disminuye a medida que las parejas envejecen. Las tasas más altas de divorcio se encuentran entre personas de 25 a 39 años.

Curiosamente, aunque las tasas de divorcio en general han estado disminuyendo, la tasa entre personas de 50 años o más (a menudo denominada "divorcio gris") ha ido en aumento.

Estadísticamente, las mujeres tienen más probabilidades de solicitar el divorcio. Un estudio de la Asociación Estadounidense de Sociología encontró que las mujeres inician aproximadamente el 70% de los divorcios. Sin embargo, es importante tener en cuenta que esto no refleja la distribución de género entre los divorciados en general, que está más equilibrada.

La etnicidad puede influir en las tasas de divorcio debido a una variedad de factores socioeconómicos y culturales. Según datos de la Oficina del Censo de los EE. UU. en 2021, los afroamericanos tienen una tasa de divorcio más alta en comparación con otros grupos étnicos, seguidos por blancos, hispanos y asiáticos.

Forbes ADVISOR

Revealing Divorce Statistics In 2024

By Christy Bieber, J.D.

The Divorce Rate Has Decreased From a Rate of 4.0 to 2.5 Since 2000

Both the marriage and divorce rate have declined over time.

In 2000, a total of 944,000 divorces and annulments occurred. The crude divorce rate was 4.00 per population during that year..By 2021, it had fallen to 2.5 per 1,000 population, with just 689,308 people divorcing that year.

The marriage rate has declined too, dropping from 8.2 per population in 2000 to 6.00 per population in 2021.[1]

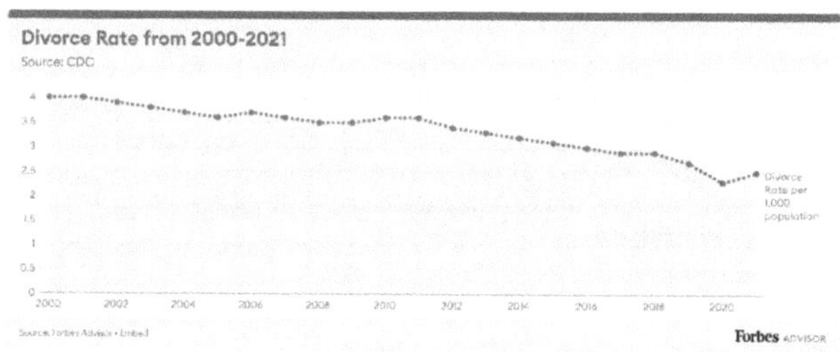

Lack of Commitment Is the Most Common Reason for Divorce

Marriage is not always easy, so success requires both spouses to be dedicated to their union and serious about making it last. That's why it is not surprising that a lack of commitment could spell disaster for a couple.

In fact, 75% of individuals and couples cited lack of commitment as the reason for their divorce. This was the most common cause of a marriage ending, exceeding even infidelity.[10]

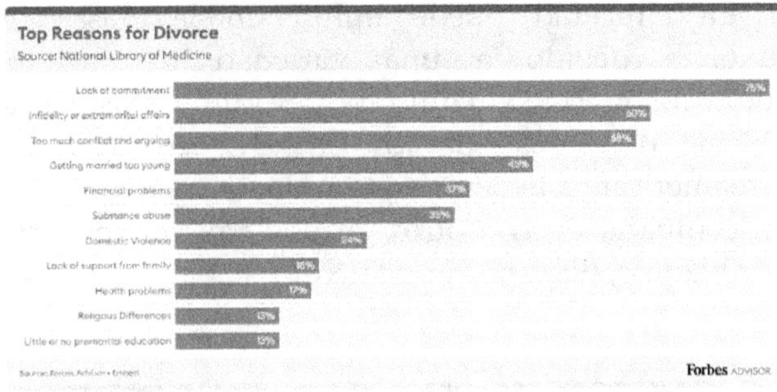

Divorce Rates by Age

Divorce statistics show that each partner's age at the time of marriage can also have an impact on how likely it is the union will last. Couples on both the older and younger end of the spectrum tend to face higher divorce rates.

Couples Who Marry Before Age 32 Experience Lower Divorce Rates

There is a sweet spot in terms of marital age for those looking for the least risk of divorce. That's because couples who marry at 25 are 50% less likely to divorce compared with couples who marry at 20—but for those who marry after age 32, divorce rates increase by 5% per year until the age they are wed.[20]

The Average Age of People Who Divorced in 2022 Is 46 for Men and 44 for Women.

As people grow older, the chance they have ended a marriage increases. In fact, 42% of people between ages 45 and 54 have been divorced. This makes sense as it takes time both to get married and time for the union to fail.[9]

The Median Age of a First Marriage Is Increasing

Many couples have chosen to delay marriage—often for financial reasons or due to changing cultural norms. In fact, in 2022, the median age of marriage was 32 for men and 30 for women.[9]

By contrast, in 2012, the average age for women marrying was 26 and the average age for men was 28. These older marriages could potentially increase the divorce risk if couples are waiting too long to tie the knot and face increased difficulties learning to cohabitate and merge their lives.[21]

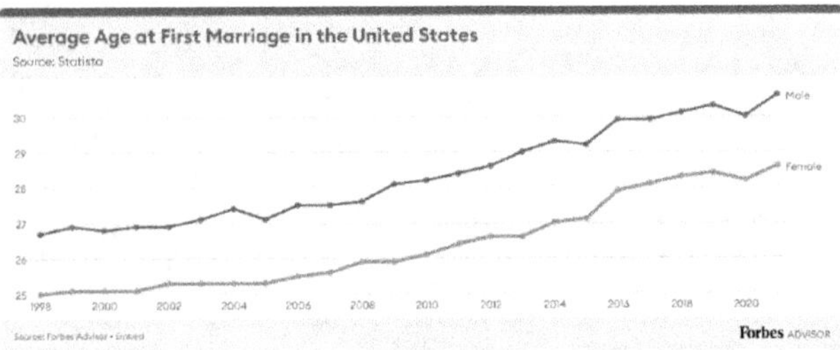

Tasas de divorcio por género

Entender las tasas de divorcio por género es útil, especialmente porque esto puede arrojar más luz sobre la precisión de la tasa refinada de divorcios. Esta tasa se mide en relación con el número de mujeres casadas, mientras que la tasa bruta de divorcios analiza el número de divorcios en relación con la población total.

69% de los divorcios son iniciados por mujeres

Las mujeres tienen muchas más probabilidades que los hombres de iniciar un divorcio. De hecho, casi 7 de cada 10 disoluciones matrimoniales son iniciadas por la pareja femenina. Esto se basa en investigaciones sobre parejas heterosexuales.

Las mujeres a menudo cargan con más responsabilidades emocionales en una relación y también asumen un papel principal en el cuidado de los hijos. La carga adicional que enfrentan, especialmente cuando sienten que carecen de un sistema de apoyo, podría ayudar a explicar por qué tienen más probabilidades de iniciar un divorcio.

La tasa de divorcio para mujeres es de 7.6 por cada 1,000 mujeres mayores de 15 Años

En 2019, 7.6 de cada 1,000 mujeres mayores de 15 años se divorciaron. Esto representa una disminución sustancial en comparación con 9.7 divorcios nuevos por cada 1,000 mujeres de 15 años o más en 2009.

Tasas de divorcio por etnicidad

Las tasas de divorcio también varían según la

etnicidad. Muchos factores podrían explicar estas discrepancias, incluidos diferentes valores culturales respecto al matrimonio y sesgos sistémicos que debilitan las estructuras familiares en ciertas comunidades.

Esto es lo que muestran los datos sobre tasas de divorcio y matrimonio por etnicidad:

- La tasa de divorcio para parejas blancas es del 15.1%. La tasa de matrimonio entre estas parejas es del 32.1%.
- La tasa de divorcio para parejas negras es del 30.8%, y la tasa de matrimonio es del 17.3%.
- La tasa de divorcio para parejas hispanas es del 18.5%, y la tasa de matrimonio es del 33.2%.

Divorcio y nivel educativo

El nivel educativo afecta las probabilidades de éxito de un matrimonio, con aquellos que tienen mayor nivel educativo enfrentando una menor probabilidad de divorcio:

- La tasa de divorcio para personas con educación secundaria o menos es del 39% para hombres y 37% para mujeres.
- La tasa de divorcio para personas con educación avanzada —definida como más allá de un título universitario— es del 26% para hombres y 30% para mujeres.
- El 29% de los hombres y el 32% de las mujeres con un título universitario o superior estaban divorciados en 2022.

Las mujeres con educación universitaria tienen más probabilidades de tener un matrimonio duradero

Un grupo demográfico particular tiene la mayor probabilidad de un matrimonio duradero: las mujeres con educación universitaria.

Obtener un título disminuye significativamente las probabilidades de divorcio para una mujer. Sin embargo, este beneficio solo se aplica si el título se completa. Las mujeres que asisten a la universidad pero no se gradúan tienen muchas menos probabilidades que sus contrapartes con títulos de mantener un matrimonio a largo plazo.

De hecho, mientras que el 78% de las mujeres con un título universitario tienen un matrimonio que dura al menos 20 años, solo el 49% de las mujeres con algo de educación universitaria alcanzan este hito. Y solo el 40% de las mujeres con educación secundaria o menos tienen un matrimonio que dura 20 años o más.

Society › Demographics

Divorce rate in the United States from 1990 to 2021

(per 1,000 of population)

US - divorce rate 2021 | Statista

Una tasa de divorcio en declive

En los últimos años, tanto las tasas de matrimonio como de divorcio han estado disminuyendo en los Estados Unidos. A partir de 2009, la duración promedio de un primer matrimonio en los EE. UU. era de ocho años. La edad promedio de los hombres al pasar por su primer divorcio era de 32 años; para las mujeres, era de 30 años. La duración promedio de un segundo matrimonio era de aproximadamente 10 años.

Experience,
Compassion,
Connection.

I WILL BE THERE FOR YOU.

Divorce rate is higher for lesbians than gay men (friendswoodfamilylaw.com)

La tasa de divorcio es mayor para lesbianas que para hombres gays

En nombre de Jana Landry, Abogada | 14 de mayo de 2021 | Divorcio

Cuando las parejas de la comunidad LGBTQ en Texas se casan, no están pensando en el fin de esa unión. Sin embargo, podrían estar interesadas en conocer las tasas de divorcio entre parejas LGBTQ y lo que los datos sobre parejas del mismo sexo en Inglaterra, Gales y Escocia han revelado.

Tasas de divorcio entre homosexuales

Según datos de la Oficina Nacional de Estadísticas, en 2019, el 56% de los matrimonios entre personas del mismo sexo eran entre mujeres. Sin embargo, la tasa de divorcio para lesbianas era mucho más alta, con el 72% de los divorcios entre parejas del mismo sexo provenientes de parejas lesbianas, aproximadamente tres veces más que entre parejas de hombres gays.

La tasa de divorcio entre parejas de lesbianas fue del 78 % en 2016, 74 % en 2017 y 75 % en 2018. Curiosamente, aunque los matrimonios entre personas del mismo sexo han aumentado drásticamente desde 2014, cuando se legalizó el matrimonio igualitario en Inglaterra, Gales y Escocia, la tasa de divorcio ha permanecido constante. Para la mayoría de los divorcios, la razón parece ser "comportamiento irrazonable", que incluye la infidelidad.

Factores de divorcio

Teniendo en cuenta que los matrimonios entre parejas de lesbianas y parejas de hombres gays que terminan en divorcio duran cantidades de años similares, 4.1 años para mujeres y 4.3 años para hombres, es importante considerar los factores que conducen a mayores tasas de disolución del matrimonio en parejas de lesbianas. Según un profesional del derecho familiar, los factores que llevan a las lesbianas a divorciarse son los mismos que llevan a las mujeres en matrimonios heterosexuales a solicitar el divorcio a una tasa casi el doble que los hombres.

Estos factores incluyen:

- Sentirse ignorada en el matrimonio.
- Una relación desigual, en la que una pareja carga con la mayor parte de las responsabilidades.
- Infidelidad.
- Violencia doméstica.

Terminar un matrimonio no es una decisión fácil. Sin embargo, si te encuentras teniendo que tomar esa decisión, debes prepararte incluso antes de presentar la solicitud. La preparación podría incluir reunir pruebas y documentos relacionados con el matrimonio, tus activos y pasivos, y hablar con un abogado sobre tus opciones.

Bibliografía

1 Tabla C2, Oficina del Censo de EE. UU. Relación familiar y arreglos de vida de niños menores de 18 años, por edad y sexo: 2022.

2 Tabla FG6, Oficina del Censo de EE. UU. Grupos familiares no matrimoniales con un solo padre con hijos propios menores de 18 años, por estado civil.

3 Tabla FG5, Oficina del Censo de EE. UU. Grupos familiares no matrimoniales con un solo padre con hijos propios menores de 18 años, por situación laboral.

4 NWLC. Mujeres en empleos de baja remuneración.

5 PayScale, El estado de la brecha salarial de género en 2021.

6 Oficina del Censo de EE. UU. – Ingresos en los Estados Unidos: 2021.

7 NWLC – Resumen Nacional: Pobreza entre mujeres y familias.

8 Tabla C8, Oficina del Censo de EE. UU. Estado de pobreza, recepción de cupones de alimentos y asistencia pública para niños menores de 18 años según características seleccionadas: 2022.

9 USDA, Seguridad alimentaria de los hogares en los Estados Unidos en 2021.

10 Oficina del Censo de EE. UU. – Cobertura de seguro de salud en los Estados Unidos: 2021.

11 NWLC, Políticas estatales de asistencia para cuidado infantil 2021.

12 Tabla F2, Oficina del Censo de EE. UU. Hogares familiares, por tipo, edad de los hijos propios y nivel educativo del jefe de familia: 2022.

13 Sitio web de Single Mother Guide 2024 https://singlemotherguide.com.

14 Instituto Brookings, "Evaluación del impacto de la reforma del bienestar en madres solteras," Parte 2, 22/03/04.

www.ingramcontent.com/pod-product-compliance
Lightning Source LLC
LaVergne TN
LVHW050323160826
845677LV00014B/3520

* 9 7 9 8 8 9 5 6 9 8 7 2 3 *